EUROPAS KÖNIGSHÄUSER

Folgende Seite: Als Zeichen für Königs- und Kaiserwürden genügte auf Abbildungen aus dem Mittelalter meist ein Stirnreif mit vier Laubblättern. Die Miniatur aus der «Großen Heidelberger Liederhandschrift» zeigt den deutschen Kaiser Heinrich VI. (1165 – 1197) mit einer schlichten Laubkrone bedeckt. Er sitzt auf einem Thron, ein weiteres Zeichen der Erhabenheit eines Herrschers, und hält Zepter und Schriftpergament in Händen.

EUROPAS KÖNIGSHÄUSER

LUDWIG SCHUBERT
ROLF SEELMANN-EGGEBERT

vgs

Die Deutsche Bibliothek – CIP-Einheitsaufnahme
Europas Königshäuser / Ludwig Schubert / Rolf
Seelmann-Eggebert. – Köln : vgs, 1991
ISBN 3-8025-2216-8
NE: Schubert, Ludwig; Seelmann-Eggebert, Rolf

Eine Gemeinschaftsproduktion der Motovun
(Schweiz) Verlagsgesellschaft AG, Luzern und
vgs verlagsgesellschaft, Köln
Bildredaktion und Gestaltung: Motovun (Schweiz)
Verlagsgesellschaft AG, Luzern
Textredaktion: vgs verlagsgesellschaft, Köln

Redaktion der deutschsprachigen Ausgabe: Michael
Schweins, vgs, Köln
Bildredaktion: Rita Frei, Motovun
Verlagsgesellschaft AG, Luzern
Lektorat: Ulrike-Manuela Klein
im Auftrag der vgs, Köln

Reproduktionen: Lanarepro, Lana/Meran
Satz: F. X. Stückle, 7637 Ettenheim
Druck und Verarbeitung: Grafedit, Bergamo

1. Auflage 1991

ISBN 3-8025-2216-8

Printed in Italy

INHALT

LIECHTENSTEIN

LUXEMBURG

MONACO

Ganz oben: Dieses österreichische Wappen bestand nur drei Jahre lang (1915 – 1918). Es stellt den Vielvölkerstaat dar und bewahrt gleichzeitig den Glanz vergangener Jahrhunderte; 1806 legte Franz II. die römisch-deutsche Kaiserkrone nieder und erklärte das Heilige Römische Reich Deutscher Nation für aufgelöst.

Rechts außen: Die weltlichen Symbole der Kaiser und Könige: Die Krone, das Zepter und der Reichsapfel. Die Münze zeigt den byzantinischen Kaiser Konstantin IX. (1041 – 1055).

«Es soll aber der König ein Wächter darüber sein,
daß sowohl die Besitzenden kein Unrecht erleiden,
als auch andererseits das Volk nicht übermütig und gewalttätig behandelt wird.»
ARISTOTELES, POLITIK, 8, 10

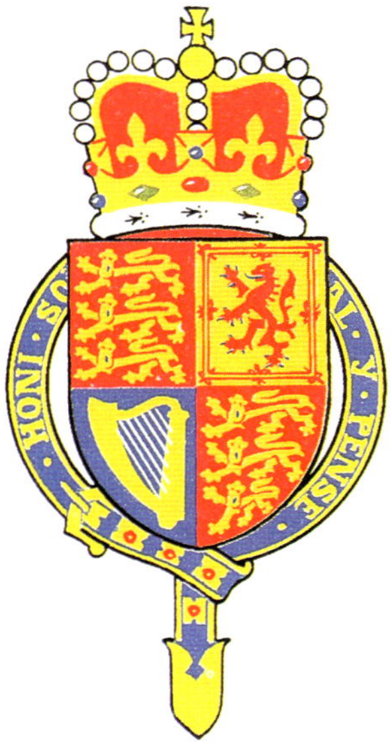

EINLEITUNG

Es ist merkwürdig: Wenn Königin Elizabeth II. am Samstagvormittag um 11.00 Uhr auf dem Paradeplatz der «Horse Guards» eintrifft, um wie jedes Jahr Anfang Juni bei «Trooping the Colour» den Geburtstagssalut ihrer Leibregimenter entgegenzunehmen, sitzt nicht nur die britische Fernsehnation vor den Bildschirmen. Auch in Deutschland schnellen die Einschaltquoten in die Höhe, einem Land mithin, das 1918 mit der Abreise von Wilhelm II. aus dem Großen Hauptquartier ins holländische Exil einen dicken Strich unter seine monarchistische Vergangenheit gezogen hat. Und als Korrespondent in London habe ich erlebt, wie mir Redakteure, aufgewachsen in einer mittlerweile soliden republikanischen Überzeugung, Themen aus dem Königshaus buchstäblich aus der Hand gerissen haben: den 80. Geburtstag der «Queen Mum» zum Beispiel, wie die Briten ihre Königinmutter liebevoll nennen, die Gerüchteküche um die eine oder andere bevorstehende Verlobung des Thronfolgers und schließlich das Ende aller Gerüchte – die Trauung von Prinz Charles und Lady Diana Spencer am 29. Juli 1981 in der Kathedrale von St. Paul. Die Fürstenhochzeit damals war ein Einschaltquotenrenner bei Fernsehanstalten rund um den Globus.

Als das Prinzenpaar im Frühjahr 1985 Italien besuchte, überschlugen sich die Zeitungen mit Superlativen wie «elegantissimi, bellissimi, bravissimi». Von einem «Triumphzug» war da die Rede, «Italien im Königsrausch». Und ein Reporter bemerkte trocken: «Wenn das so weitergeht, wird dieser Besuch in die Geschichte der Massenhysterie eingehen.» In Amerika wiederholte sich dieser Begeisterungstaumel, als die Wales' im November desselben Jahres Washington besuchten. Um die 80 Gäste hatten die Reagans zu Ehren des Prinzenpaares ins Weiße Haus geladen. Die Zeitungen wußten zu berichten, daß viele Angehörige der sogenannten «Society» plötzlich mit unbekanntem Ziel verreist seien, um sich nicht eingestehen zu müssen, daß man zu diesem Ereignis des Jahres keine Einladung erhalten hatte.

Warum sind die Figuren vom «Palace» so erfolgreich wie «Dallas»? Sicher verkörpert das Prinzenpaar uralte Wünsche des Menschengeschlechts: Der Prinz im Märchen, der seine Prinzessin gefunden hat. Schönheit, gepaart mit Reichtum und Einfluß. Der Status, der durch keinen Schatz der Erde zu erlangen ist. Und ausgerechnet einem so jungen Wesen wie Lady Diana, beinahe einem Menschen wie Du und ich, geht dieser Traum aller Träume in Erfüllung. TIME Magazine widmete dem «Dianafieber», das 1985 in der amerikanischen Bundeshauptstadt ausgebrochen war, die folgende Diagnose: «Monarchien mit ihrem altertümlichen Pomp verkörpern üblicherweise eher ein Zeitalter, das vergeht, als eines, das kommt. Das Geheimnis von Dianas Verjüngung von Royalty besteht darin, daß sie das Heute verkörpert. Sie ist eine nachfeministische Frau, das neumodische altmodische Mädchen, das Tradition und Pop vermischt. Die Rolle der Frau und Mutter macht sie sich mit einem Schuß natürlicher Begabung zu eigen. Sogar ihre Probleme liegen im Trend: die Spekulation über ihre manchmal unsichere Anpassung an ihr neues Leben läßt Diana normal, zeitgemäß erscheinen. Sie ist königlich auf eine sehr eigene Art und Weise und beweist, daß man nicht langweilig sein muß, um zur Royalty zu zählen.»

Abgesehen von dem Moment der Unerreichbarkeit, dem Märchenhaften in der Realität, erklärt sich das Interesse an allem Königlichen gewiß auch aus einer bestimmten Sehnsucht nach Kontinuität in einer Welt, die sich so rasch wandelt. Es war dieses eines unserer Gesprächsthemen, als mich Königin Margrethe II. in ihrem kleinen Arbeitszimmer in Schloß Amalienborg empfing.

«Ganz allgemein sprechen wir ja von einer ganz und gar anachronistischen Einrichtung. Die Monarchie ist in einer Zeit des Individualismus, der Demokratie etwas ganz Unzeitgemäßes. Anderer-

Wilhelm der Eroberer (1035–1087). Der Herzog der Normandie besiegte 1066 seinen Rivalen auf den Thron, Harold II., in der Schlacht bei Hastings und wurde damit König von England. Illustration aus einer Chronik, um 1250.

Rechte Seite: Die Krone des Heiligen Römischen Reiches Deutscher Nation wurde 962 für Kaiser Otto den Großen angefertigt. Die Krone wird in der Weltlichen Schatzkammer des Kunsthistorischen Museums in Wien aufbewahrt.

ꝐME REGES
REGNANT

Unten: Besuch des deutschen Kaisers Karl IV. bei König Karl V. von Frankreich am 4. Januar 1378 in Paris. Angeblich soll der französische König seinen Onkel zwar mit allem Pomp empfangen und bewirtet, aber vermieden haben, ihn als den Ranghöheren zu behandeln. Zeitgenössische Illumination.

Ganz unten: Napoleon I. krönte sich 1804 selbst zum Kaiser. In der Hand über seinem Kopf hält er die Damenkrone, die er gleich seiner Gemahlin aufs Haupt setzen wird. Skizze von Jacques-Louis David.

seits reden wir von einer noch immer überaus erfolgreichen Institution. Welche Erklärung haben Sie dafür?» fragte ich die dänische Königin.

«Ich weiß es nicht. Es ist, glaube ich, sehr schwer zu erklären», antwortete sie. «Vielleicht braucht man in dieser Zeit so etwas wie einen Orientierungspunkt. Vielleicht ist das die Rolle, die heute die Monarchie für die Menschen spielt. Und weil die Monarchie außerhalb der Politik von Parteien steht, kann man sich möglicherweise leichter an einem Königshaus orientieren als an einer Präsidentenfamilie, die fünf oder sieben Jahre im Amt bleiben mag. Und bei dem Präsidenten kommt noch hinzu, daß es immer irgend jemanden gegeben hat, der gegen ihn gestimmt hat, selbst wenn er mit überwältigender Mehrheit gewählt worden ist.»

«Natürlich hat ein Monarch, der – sagen wir – 25 Jahre regiert hat, auch einen großen Erfahrungsvorsprung gegenüber einem Präsidenten ...», warf ich ein.

Ihre Antwort: «Ich denke, daß es dabei nicht nur um die eigene Erfahrung geht. Es geht auch um den Fundus der Erfahrungen, die die Eltern gesammelt haben und die Generationen davor. Vieles davon gilt nicht mehr, weil sich die Zeit geändert hat. Aber auch das ist hilfreich, weil man auf diese Weise erkennt, daß sich die Zeit geändert hat, daß man vor 200 Jahren eben anders gehandelt hat. Und man lernt dann, daß man sich anders verhalten muß als die Eltern. Es ist ein Prozeß der Anpassung der Monarchie an die Zeitläufe. Man versucht, das System stabil zu halten, aber nicht starr.»

Meinungen dieser Art aus erster Hand zu erhalten, sich ein Bild davon machen zu können, was sich in Wirklichkeit hinter den scheinbar undurchdringlichen Palastmauern abspielt, das war das Ziel einer Fernsehserie über die sieben Königshäuser Europas, die diesem Buch zugrunde liegt. Denn nach meiner Rückkehr aus London, wo ich zum ersten Mal ein Königshaus aus der Nähe beobachtet hatte, wurde mir klarer denn je, wie verzerrt in der Regel das Bild der Monarchien ist, so, als ob es im «Palace» wirklich so zuginge wie in «Dallas», eine Fortsetzungsserie ohne Ende über die Reichen und Schönen, ihre Affären und Machenschaften.

Die Tatsache, daß sich die Boulevardpresse weltweit nach dem Niedergang der Traumfabrik Hollywood so vehement auf die Königshäuser gestürzt hat, ist den Beziehungen zwischen Monar-

Rechts: Maria Theresia (1717 – 1780) wurde nach dem Tod ihres Vaters, Kaiser Karl VI., 1740 Kaiserin von Österreich und Königin von Ungarn und Böhmen. Das Gemälde von Martin van Meytens zeigt sie mit dem Bildnis ihres Sohnes Joseph II.

chie und Medien nicht zuträglich gewesen. Jahrelang in den Zeitungen Spekulationen lesen zu müssen über die Möglichkeit einer Schwangerschaft, wie das Königin Fabiola zugemutet wurde, findet keine Frau besonders geschmackvoll. Und zu wissen, daß sich die Fotografen mit konstanter Bosheit immer jenes Hindernis aussuchen, wo die Chancen besonders gut sind, daß das Pferd strauchelt und sich die Reiterin schlammbedeckt wieder aufrappelt, hat Prinzessin Anne bei ihren Turnieren auch nicht gerade für die Berichterstatter eingenommen. Aber Royalty ist «big business». Für ein anzügliches Foto werden Traumhonorare bezahlt. Ein Gerücht, das bei ein paar Whiskies in der Nähe von Schloß Balmoral, dem Sommersitz der Windsors in Schottland, an der Hotelbar kreiert wird, um die Spesen zu rechtfertigen, macht schon morgen Schlagzeilen von Tokio bis New York, ohne daß an den möglichen Wahrheitsgehalt allzu strenge journalistische Maßstäbe angelegt würden.

Betrachtet man Königshäuser jedoch aus dem Blickwinkel historischen und statistischen Interesses, könnte man auf die Idee kommen, daß es sich bei der Monarchie um ein quasi auslaufendes Modell handelt. Nachdem die Französische Revolution den Gedanken der Volkssouveränität auf den Straßen und Plätzen, aber auch in den Salons und Abgeordnetenkammern Europas etabliert hatte, war die Devise Ludwigs XIV. «l'état c'est moi» unhaltbar geworden. Die absolute Monarchie wandelte sich zur konstitutionellen Monarchie, ein Machtverlust, der an keinem Hof ohne Zähneknirschen in Kauf genommen wurde. Aber erst die revolutionären Veränderungen unseres Jahrhunderts haben Königshäuser wie Kartenhäuser zusammenstürzen lassen. Nach dem Ersten Weltkrieg war das Schicksal der Monarchie in Rußland, Österreich-Ungarn und Deutschland besiegelt, wobei der letzte sächsische König Friedrich August III. die Tatsache seiner Thronenthebung im November 1918 mit dem berühmt gewordenen Satz quittierte: «Macht Euren Dreck alleene!» Im Verlauf des Zweiten Weltkriegs fielen die Königshäuser in Ungarn, Jugoslawien, Rumänien und Bulgarien den Veränderungen zum Opfer. Italien beseitigte die Monarchie

König Georg V. von England mit seinem Cousin, Zar Nikolaus II. von Rußland.

durch Volksentscheid 1946, König Konstantin verließ Griechenland 1967, nachdem ein von ihm geführter Gegenputsch gegen die Militärs gescheitert war, um zunächst in Rom, später in London im Exil zu leben. Einer, der seinen Thron selbst 1952 eingebüßt hatte, König Faruk von Ägypten, hat die Überlebenschancen der Monarchien eher pessimistisch eingeschätzt: «Nur fünf Königshäuser werden das kommende Jahrhundert erreichen: Die Häuser Caro, Cœur, Pique und Treff sowie das Haus Windsor.» Auch wenn wir das Jahr 2000 noch nicht erreicht haben, scheint mir, daß da ein falscher Prophet am Werke war. Allein in Europa gibt es heute noch zehn regierende Häuser. Denn neben den sieben Königshäusern fallen unter diesen Begriff ja auch die Fürstentümer Liechtenstein und Monaco sowie das Herzogtum Luxemburg.

Zwar haben die engen verwandtschaftlichen Beziehungen, die zwischen den Dynastien Europas bestehen, Kriege nicht verhindern können. So waren der britische König Georg V., Zar Nikolaus II. von Rußland und der deutsche Kaiser Wilhelm II., deren Heere sich im Ersten Weltkrieg gegenüberstanden, alle Vettern, hatten eine gemeinsame Großmutter, nämlich die britische Königin Victoria, deren Name ein ganzes Zeitalter geprägt hat. Aber die familiären Bindungen haben die Kriege überdauert. Deshalb gehören bei den großen Familienfesten, mit denen Königshäuser von sich reden machen, bei den Hochzeiten, bei den Taufen und den runden Geburtstagen die Vertreter der nicht mehr regierenden Häuser genauso selbstverständlich mit aufs Gruppenfoto wie die Vertreter der regierenden Häuser. Und wenn das Gruppenfoto einmal nicht so komplett ausfällt, wie man sich das vorgestellt hätte, ist oft die große Politik daran schuld. So mußte das spanische Königspaar der Trauung von Prinz Charles und Lady Diana Spencer 1981 fernbleiben, weil das Brautpaar beschlossen hatte, seine Hochzeitsreise an Bord der königlichen Yacht «Britannia» von Gibraltar aus anzutreten, mithin jenem Territorium, das nach wie vor ein Zankapfel zwischen Spanien und Großbritannien ist. Das herzliche Einvernehmen, das zwischen beiden Familien besteht und durch offizielle und inoffizielle Besuche immer wieder dokumentiert wird, bleibt von derlei politischen Rücksichtnahmen völlig unberührt.

Überall in Europa, wo heute noch Königinnen und Könige das Amt des Staatsoberhauptes innehaben, hat der Hobel der Demokratie sie auf eine mehr oder weniger repräsentative Rolle reduziert. Insofern «regieren» die Monarchen von ehedem nicht mehr, sie sind vielmehr Inhaber eines quasi erblichen Präsidentenamtes. Der Prozeß der Erosion ihrer Macht scheint mir in der zweiten Hälfte dieses Jahrhunderts zum Stillstand gekommen zu sein. In einzelnen Ländern kann man sogar von einer deutlichen Stabilisierung der Monarchie reden. Das gilt in erster Linie für Spanien, wo König Juan Carlos nach dem Tode Francos nicht nur der Monarchie wieder zu Ansehen und Würde verholfen hat, sondern gleichzeitig der Demokratie. Das gilt für Belgien, wo sich die Monarchie vor dem Amtsantritt des jungen Königs Baudouin in einem eher desolaten Zustand befand. Das gilt in gewissem Umfang sogar für Großbritannien, wo die Monarchie durch die Abdankung von Edward VIII. in ihren Grundfesten erschüttert wurde und ihr

Der deutsche Kaiser Wilhelm II. (links) und sein Cousin König Georg V. von England bei Kaisermanövern in Potsdam 1913. Es war das letzte Treffen der beiden Monarchen, deren gemeinsame Großmutter Königin Victoria von England war.

altes Ansehen erst unter Königin Elizabeth II. zurückerlangte, eine Erklärung übrigens dafür, weshalb ein vorzeitiger Thronverzicht zugunsten von Prinz Charles bis heute im Buckingham Palast ein Tabuthema ist. Auch die Rolle, die einzelne Königshäuser während des Zweiten Weltkrieges gespielt haben, als sie zum Symbol des Widerstandes gegen die deutsche Besatzungsmacht wurden, ist in Ländern wie Dänemark, Norwegen und den Niederlanden unvergessen.

Obgleich es an einigen «Höfen», denen der Schreck von Exil und Neuanfang erspart geblieben ist, noch immer «Kammerherren» und lange Listen mittelalterlicher Ehrenfunktionen gibt, obgleich das Protokoll nach wie vor den Hofknicks vorsieht und geduldiges Abwarten, bis der Souverän das Wort an einen zu richten geruht, nicht etwa umgekehrt, kann man nicht übersehen, daß Europas Königshäuser mit der Zeit gehen. Noch Königin Elizabeth und ihre Schwester, Prinzessin Margret, haben nie eine Schule besucht. Sie sind privat unterrichtet worden. Die vier Kinder der englischen Königin hingegen haben alle Schulen besucht, auf die auch unsereiner seine Kinder schicken kann, vorausgesetzt, daß er das nötige Kleingeld besitzt.

Der Siegeszug von Hörfunk und Fernsehen hat die Majestäten vor ähnliche Probleme gestellt wie einst die Stars der Stummfilmzeit. Mittlerweile meistern sie die Medienanforderungen bei den Weihnachts- und Neujahrsansprachen schon mit Routine. Hubschrauber und Flugzeuge machen sie praktisch omnipräsent. Sie haben gelernt, Computerauszüge zu lesen. Auch königliche Kassenbücher werden heute nicht mehr mit dem Federkiel geführt wie weiland das Portobuch im preußischen Landratsamt. Wer auf Freiersfüßen wandelt, muß nicht mehr unbedingt den ganzen «Gotha» im Kopf haben. So durfte sogar Prinzessin Margaret einen Bürgerlichen heiraten, von König Carl Gustafs und König Haralds Partnerwahl ganz abgesehen.

Der politische Sachverstand, der in Europas Königshäusern versammelt ist, die Kompetenz in Teilbereichen sind bemerkenswert. Das hängt einerseits damit zusammen, daß insbesondere die jüngere Generation oft eine maßgeschneiderte Ausbildung durchlaufen hat, wie sie eben nur für einen künftigen Monarchen denkbar ist. Wer aus seiner Militärzeit Pilotenscheine für Hubschrauber und Düsenjäger mitbringt, wer das anschließende Studium der Staatswissenschaften gleichzeitig zur Perfektionierung von zwei Fremdsprachen nutzt, wer seine Praktika in den Büros des Staatsbankpräsidenten, des obersten Gewerkschaftsbosses und des Regierungschefs ableistet, muß später bei der Konversation nicht Zuflucht beim «small talk» suchen. Hinzu kommt, daß viele gekrönte Häupter – ein Bild, das man mit Vorsicht benutzen sollte, weil das Krönungszeremoniell nur noch in Großbritannien praktiziert wird – schon in ihrer Jugend Gelegenheit erhalten, ein Hobby zu einiger Meisterschaft auszubauen, so daß sie später als Segler, Maler, Pferdezüchter glänzen können.

Auf Einladung des Griechischen Königspaares, König Paul und Königin Frederika, kreuzte der Europäische Adel im Herbst 1954 durch die Ägäis.

Die Teilnehmer waren:

1) Prinz Reiner von Hessen; 2) Prinz Otto von Hessen; 3) Prinzessin Irene von den Niederlanden; 4) Kronprinz Konstantin von Griechenland; 5) Prinzessin Anne von Frankreich; 6) Prinz Georg von Hohenlohe-Langenburg; 7) Herzogin Helen Toerring; 8) Prinzessin Tatiana Radziwill; 9) Herzog Hans Veit Toerring; 10) Prinzessin Irene von Griechenland; 11) Diane von Frankreich; 12) Prinz Kraft Hohenlohe-Langenburg; 13) Prinzessin Beatrix Hohenlohe-Langenburg; 14) Prinz Ludwig von Baden; 15) Prinzessin Sofia von Griechenland; 16) Erzherzogin Minola von Habsburg; 17) Prinzessin Elizabeth von Jugoslawien; 18) Prinz Karl von Hessen; 19) Maria-Mercedes, Herzogin von Barcelona; 20) Don Juan, Graf von Barcelona; 21) Großherzogin von Luxemburg; 22) Prinzessin Marie von Griechenland (geborene Bonaparte); 23) ihr Ehemann, Prinz Georg von Griechenland; 24) Königin Juliana von den Niederlanden; 25) Herzogin von Paris; 26) Ex-König Michael von Rumänien; 27) Prinzessin Anne, seine Frau; 28) Prinz Gottfried von Hohenlohe-Langenburg; 29) Prinzessin Margaretha Hohenlohe-Langenburg; 30) Prinzessin Marie-Louise von Bulgarien; 31) Ex-König Simeon von Bulgarien; 32) Königin Frederika von Griechenland; 33) Prinzessin Viggo, Herzogin von Rosenborg; 34) König Paul von Griechenland; 35) Prinzessin Eugénie von Thurn und Taxis; 36) Prinzessin Hélène von Frankreich; 37) Prinz Bernhard von den Niederlanden; 38) Prinzessin Margaretha von Schweden; 39) Großherzogin Charlotte von Luxemburg; 40) Herzogin Thyra von Mecklenburg; 41) Herzog Ludwig von Württemberg; 42) Herzogin von Württemberg; 43) Prinzessin Beatrix von den Niederlanden; 44) Prinz Georg-Wilhelm von Hannover; 45) Herzogin Charles von Toerring-Jettenbach; 46) Prinz Jacques von Bourbon-Parma; 47) Herzogin Flemming von Rosenborg; 48) Herzog Flemming von Rosenborg; 49) Prinz François von Frankreich; 50) Prinzessin Georg-Wilhelm von Hannover; 51) Prinz Antoine von Bourbon-Sizilien; 52) Prinzessin Maria del Pilar; 53) Prinzessin Maria Gabriella von Bayern; 54) Prinz Albrecht von Bayern; 55) Prinzessin René von Bourbon-Parma; 56) Prinz Moritz von Hessen; 57) Erb-Großherzog Jean von Luxemburg; 58) Herzogin Christian Ludwig von Mecklenburg; 59) Prinzessin Christian von Schaumburg-Lippe; 60) Herzog von Württemberg; 61) Prinz Christian von Schaumburg-Lippe; 62) Herzogin Elizabeth von Württemberg; 63) Prinzessin Maria Christina von

Savoyen-Aosta; 64) Prinzessin Margarita von Baden; 65) Prinzessin Dorothea von Hessen; 66) Prinz Heinrich von Hessen; 67) Prinz Axel von Dänemark; 68) Prinz Dmitri von Rußland; 69) Prinzessin Peter von Schleswig-Holstein; 70) Prinz André von Bourbon-Parma; 71) Prinz Peter von Schleswig-Holstein; 72) Prinz Christian von Hannover; 73) Prinzessin Isabelle von Frankreich; 74) Prinz Raymund von Thurn und Taxis; 75) Prinz Franz von Bayern; 76) Prinzessin Elisabeth von Luxemburg; 77) Prinzessin Astrid von Norwegen; 78) Prinz Henri von Frankreich; 79) Prinz Michael von Griechenland; 80) Prinz Welf-Heinrich von Hannover; 81) Prinz Ernst-August von Hannover; 82) Prinz Friedrich Ferdinand von Schleswig-Holstein; 83) Herzog Christian Ludwig von Mecklenburg; 84) Prinzessin Ernst-August von Hannover; 85) Prinz Viggo, Herzog von Rosenborg.

Neben sieben Königshäusern regieren in Europa zwei Fürsten und ein Großherzog.

Links: Die Residenz des Fürsten von Liechtenstein in Vaduz.

Unten: Fürst Hans Adam von Liechtenstein und seine Gemahlin Fürstin Marie.

Ganz unten: Großherzog Jean von Luxemburg und seine Gattin Josephine-Charlotte, eine Schwester des belgischen Königs, zu Besuch beim damaligen norwegischen König Olav im Mai 1990.

Andererseits akkumuliert sich in den Königshäusern durch das tägliche Aktenstudium vertraulicher Quellen, durch die regelmäßige Information durch den Regierungschef, durch den permanenten Kontakt mit Staats- und Regierungschefs in aller Welt über die Jahre ein solcher Kenntnisstand, daß selbst Experten oft überrascht sind von der Kompetenz, die ihnen dort begegnet. Und wenn nach einer Wahl ein neuer Mann im Palast antritt, um dem Souverän bei der wöchentlichen Audienz Bericht zu erstatten, soll es schon häufiger vorgekommen sein, daß sich der Novize angesichts der königlichen Rückfragen vorgenommen hat, beim nächsten Mal mehr Zeit auf seine Hausaufgaben zu verwenden.

Übrigens verbindet die vielen Königshäuser Europas auch dieses: In allen sieben Monarchien gibt es politische Gruppierungen, die sich die Abschaffung der Monarchie auf ihre Fahne geschrieben haben. Aber wenn man nachfragt, wann sie denn nun ernst machen wollen mit ihrer Forderung, lautet die Antwort immer gleich verlegen: «Natürlich sind wir im Prinzip für die Republik. Aber bei der Sympathie, die unser gegenwärtiges Königshaus genießt, sehen wir im Augenblick gar keine Chance für eine Verfassungsänderung.»

Die Vorstellung, daß die Zukunft der Monarchie auch davon abhängt, ob ein Stück des damit verbundenen Mythos erhalten bleibt, ist in Europas Königshäusern unterschiedlich ausgeprägt. Daß sie dessen ungeachtet alle zugestimmt haben, ihre Palasttore wenigstens einen Spalt breit zu öffnen, war die eine Voraussetzung für Fernsehserie und

Buch. Die andere war die Mitwirkung von Freunden und Kollegen. Ohne meinen Regisseur István Bury wären die Filme nie zustande gekommen. Ohne meinen Koautor Ludwig Schubert wäre das Buch nie geschrieben worden. Und ohne den Norddeutschen Rundfunk wäre das gesamte Projekt wohl kaum zu realisieren gewesen. Ihnen allen gebührt mein Dank.

ROLF SEELMANN-EGGEBERT

Oben: Ansicht von Monaco mit dem Fürstenpalast.

Rechts: Die Fürstenfamilie anläßlich eines Galaabends des Roten Kreuzes mit prominenten Gästen: V.l.n.r.: Ehepaar Gregory Peck, Ehepaar Roger Moore, Prinzessin Caroline von Monaco, Fürstin Gracia Patricia von Monaco, Prinz Albert von Monaco, Frau Sinatra, Fürst Rainier von Monaco, Frank Sinatra.

SCHWEDEN

Als Anfang des 19. Jahrhunderts der schwedische Thron zu verwaisen drohte, weil der regierende König keine Nachkommen hatte, wählten die schwedischen Stände Jean Baptiste Bernadotte, einen Marschall des Franzosenkaisers Napoleon, zum Kronprinzen. Der gegenwärtige König Carl XVI. Gustaf ist der siebte Monarch aus dem Hause Bernadotte, das damals zu Königswürden kam. Mit dem Namen Schweden verbinden viele Ausländer spontan die Begriffe «Sozialstaat» und «Neutralität». Das System der umfassenden staatlichen Fürsorge ebenso wie die erklärte Nichtbeteiligung an kriegerischen Auseinandersetzungen sind Errungenschaften unseres Jahrhunderts. Daß Schweden einst eine bedeutende Kriegsmacht war, die im Dreißigjährigen Krieg unter dem Wasa-König Gustav II. Adolf im katholischen Mitteleuropa Schrecken verbreitete und die Kunstschätze von Prag plünderte, weiß man heute nur noch aus Geschichtsbüchern. Seither haben andere Gestalten Schwedens Bild in der Welt geprägt – etwa der Botaniker Carl von Linné, der Astronom Anders Celsius, der Dramatiker August Strindberg, die Schriftstellerin Selma Lagerlöf und nicht zuletzt der Industrielle Alfred Nobel, der zu Lebzeiten Dynamit produzierte und der Nachwelt als Stifter der wohl renommiertesten Ehrenpreise für Physik, Chemie, Medizin, Literatur und für Verdienste um den Frieden bekannt ist. Internationale Anerkennung fand der schwedische Film durch Regisseure wie Mauritz Stiller und Ingmar Bergman, Weltruhm erlangten die Schauspielerinnen Greta Garbo, Ingrid Bergman, Mai Zetterling, Zarah Leander und Anita Ekberg. Für die Presse war eine Zeitlang auch Königin Silvia ein Star. König Carl XVI. Gustaf, wegen des frühen Todes seines Vaters schon seit 1947 Kronprinz, führte sie im Juni 1976 zum Traualtar – drei Jahre, nachdem er seinem Großvater auf den Thron gefolgt war.

Die schwedische Krone wurde 1561 von dem Flamen Cornelius ver Weiden anläßlich der Krönung von Erik XIV. angefertigt. Der zweite Wasa-König hoffte, seine Dynastie dadurch zu festigen, daß er seine Krönung mit ganz besonderem Prunk und Pomp zelebrierte.

Neuer Glanz auf alten Kronen

Am Morgen zwischen neun und zehn fahren häufig zwei schwarze Limousinen aus dem Hof von Schloß Drottningholm bei Stockholm und reihen sich unauffällig in den Verkehr in Richtung Innenstadt ein. Am Steuer des ersten Wagens sitzt ein etwa vierzigjähriger Mann in dunklem Anzug, neben ihm eine in schlichter Eleganz gekleidete Dame: König Carl XVI. Gustaf von Schweden und Königin Silvia auf dem Weg zum Stadtschloß. Im Wagen dahinter folgt der Adjutant mit den Sicherheitsbeamten. An normalen Tagen braucht man für den Weg nicht mehr als 20 Minuten, doch wenn es einen Stau gibt, kann die Fahrt auch mal doppelt so lange dauern. Der König kommt dann möglicherweise zu spät zu seinem ersten Termin wie andere Stockholmer auch. Blaulicht und Sirenengeheul oder gar abgesperrte Straßen passen nicht zum Stil des schwedischen Königshauses.

Während der König vielleicht einen Botschafter zu Antrittsbesuch und Akkreditierung empfängt oder eine Ordensverleihung vornimmt, fährt Königin Silvia an manchen Tagen weiter in den Stadtteil Östermalm, wo noch eine schöne alte Markthalle steht. «Selber zu kochen, macht mir nach wie vor viel Spaß», sagte sie in einem Interview. «Wenn wir mal ein Wochenende vor uns haben ohne Termine, ohne Gäste, dann kaufe ich auch die Lebensmittel gern selbst ein. Man erfährt etwas über das Warenangebot und auch über die Preise und kann mitreden, wenn Hausfrauen stöhnen, daß das Haushaltsgeld nicht reicht.» Im Umgang mit Marktfrauen und Händlern kann sie Schwedin unter Schweden sein. Während sie sich Fische zeigen läßt oder tropische Früchte begutachtet, halten sich die Sicherheitsbeamten diskret im Hintergrund. Nur eine Hofdame bleibt in der Nähe, um die Einkäufe zu bezahlen – auch als Schwedin und Hausfrau ist Silvia schließlich die Königin.

Thronfolger des Grossvaters

Majestät ist sie seit Juni 1976. Damals war Carl XVI. Gustaf, der 1946 geboren wurde, noch nicht einmal drei Jahre König von Schweden. Sein Vater war 1947 bei einem Flugzeugabsturz ums Leben

Linke Seite: Der Kupferstich von Wolfgang Hartmann zeigt Stockholm im Jahre 1580 während der Regierungszeit von Königin Christine. Vier Jahre darauf dankte die letzte Wasa-Königin ab.

Links: Karl XV. aus dem Hause Bernadotte war von 1859 bis 1872 König.

Oben: Unter Gustav V., König von 1907 bis 1950, wurde Schweden endgültig zu einer parlamentarisch-demokratischen Monarchie.

Rechts: Gustav VI. Adolf, König von 1950 bis 1973, paßte das Königtum dem Stil der schwedischen Gesellschaft an. Er war Großvater und unmittelbarer Vorgänger des gegenwärtigen Königs Carl XVI. Gustaf.

Oben: Oskar II. folgte auf seinen Bruder Karl XV. Er bemühte sich, die Union mit Norwegen aufrechtzuerhalten, mußte aber 1905 auf den norwegischen Thron verzichten.

Unten: Carl XVI. Gustaf, folgte seinem Großvater 1973 auf den Thron, da sein Vater schon frühzeitig gestorben war.

gekommen. Seither stand fest, daß die Krone von seinem Großvater Gustav VI. Adolf direkt auf ihn übergehen würde, obwohl er als Junge dieser Aussicht nur wenig Geschmack abgewinnen konnte. «Ich mag nicht König werden, ich will Bauarbeiter werden», soll er einmal wütend zu seiner Schwester Christina gesagt haben. Auf den Spaziergängen mit seiner Kinderpflegerin blieb er immer wieder vor Baustellen stehen, auf denen Arbeiter mit Kränen, Baggern und Mischmaschinen hantierten.

Nach altem Brauch wurde für den Kronprinzen ein Kindergarten im Schloß eingerichtet, doch danach schickte man ihn auf öffentliche Schulen, wo er wie die anderen Schüler behandelt wurde. Nach dem Abitur 1966 musterte er als Offiziersanwärter mit der Nummer 001 bei der Flotte an und ging an Bord eines Minenlegers für fast ein halbes Jahr auf große Fahrt rund um die Welt. Nach der Marine übernahmen Armee und Luftwaffe seine weitere Ausbildung. Zum Schluß war er vierfacher Fähnrich: bei der Flotte, beim Feldjägerregiment von Jämtland, bei der Reichsleibgarde und bei der Luftwaffe.

Auch sonst bereitete er sich intensiv auf seine spätere Rolle vor. Er besuchte die Universitäten Uppsala und Stockholm und studierte dort Nationalökonomie, Staatskunde, Soziologie und Geschichte und verschaffte sich Einblick in Wirtschaft, Industrie, Regierung, Entwicklungshilfe und Diplomatie. Ebenso lernte er, von Kindern Blumen in Empfang

Rechts: Die Eltern des gegenwärtigen Königs – Gustav Adolf, Herzog von Västerbotten, und Sybilla, Prinzessin von Coburg-Gotha. Der Vater kam 1947, als Carl Gustaf gerade ein Jahr alt war, bei einem Flugzeugabsturz ums Leben.

zu nehmen, Hände zu schütteln und mit interessierter Miene langweiligen Reden zuzuhören. Mit seinem Großvater verband ihn herzliches Einvernehmen. «Mein Großvater hat mich gelehrt, das Positive am Leben und an den Menschen zu sehen», sagte er später. «Er hat mir die Kunst beigebracht, anderen zuzuhören, und er hat mich gelehrt, daß man bestimmte Situationen mit einem Lächeln leichter meistern kann als mit vielen Worten.»

Links: Vier Generationen in der Königsfamilie – Gustav V. hält seinen Urenkel Carl Gustaf auf dem Schoß, neben ihm sitzt sein Sohn, der ihm als Gustav VI. Adolf folgen sollte, hinter ihm steht sein Enkel Gustav Adolf, der kurze Zeit nach dieser Aufnahme verstarb.

Unten: Carl Gustaf mit seiner drei Jahre älteren Schwester Christina. Nach vier Töchtern war er der erste Sohn.

Als Carl XVI. Gustaf 1973 inthronisiert wurde, war er gerade 27 Jahre alt und machte sich Sorgen darüber, wie die Schweden auf ihn, den Enkel reagieren würden. Seine Sorgen waren jedoch unbegründet: Die Schweden begleiteten den Wechsel mit großer Sympathie. In seiner Thronrede kam er noch einmal auf seinen Vorgänger zu sprechen: «Mein bewunderter und geliebter Großvater wurde das Sinnbild eines modernen Monarchen. Ich bin entschlossen, seinem guten Beispiel zu folgen.»

Die Unbekannte von der Tankstelle

Als Kronprinz war er aber auch wie viele andere junge Männer mit Mädchen ausgegangen, hatte mit ihnen geflirtet und in Discos getanzt. Immer wieder erschienen Fotos in der schwedischen Presse, die ihn mit dieser oder jener, alsbald identifizierten hübschen jungen Dame aus Gesellschaft oder Filmwelt zeigten. Im Sommer 1973 aber brachte ein Fotograf ein Bild von der Insel Öland mit, das Rätsel aufgab. Auf dem Foto sah

Unten: der zwölfjährige Kronprinz auf dem Eishockeyfeld.

Unten: Carl Gustaf begleitete seinen Großvater und seine Mutter am 11. Juni 1951 zu den Feierlichkeiten anläßlich des schwedischen Nationalfeiertags. Schon frühzeitig nahm König Gustav VI. Adolf seinen Enkel und Nachfolger zu offiziellen Anlässen mit.

Ganz unten links: Carl Gustaf auf den Armen seines Großvaters Gustav VI. Adolf.

Ganz unten rechts: Nach einem Kindergarten im Schloß besuchte Carl Gustaf öffentliche Schulen.

man an einer Tankstelle den Kronprinzen am Steuer eines Porsche, neben ihm eine dunkelhaarige Schönheit, die niemand kannte. Für die Presse ging damit die Jagd los, die nur von dem Tod des Königs und dem Wechsel auf dem Thron zeitweilig unterbrochen wurde.

Die dunkelhaarige Schönheit, die niemand in Schweden kannte, war eine Aus-

Unten: Nach dem Abitur musterte Carl Gustaf 1966 als Offiziersanwärter bei der Marine an und machte eine Reise um die Welt mit.

Unten rechts: Von der königlichen Marine ging Carl Gustaf zur Luftwaffe und zur Armee.

länderin: Silvia Renate Sommerlath, 1943 in Heidelberg geboren, Tochter einer Brasilianerin und eines deutschen Firmenvertreters. Die Eltern hatten sich in Rio de Janeiro kennengelernt. 1947 – die Tochter war vier Jahre alt – ging Walther Sommerlath mit Frau und Kind wieder nach Brasilien, diesmal für eine schwedische Firma. Silvia wuchs in São Paulo auf und besuchte dort auch eine deutsche Privatschule. Nach 14 Jahren ließ sich Walther Sommerlath zur Filiale seiner Firma in Düsseldorf versetzen und kehrte zurück. Es dauerte lange, bis Silvia sich in Deutschland heimisch fühlte, wo sie zuerst ein Fremdling aus einem ganz andersartigen Land war. Schon während ihrer Schulzeit konnte sie einen ersten Eindruck von Schweden gewinnen, wo ihre Eltern mit ihr einmal die Sommerferien verbrachten.
Nach dem Abitur, das sie 1963 am Luisen-Gymnasium in Düsseldorf bestand, wollte sie eigentlich Lehrerin werden. Sie entschied sich dann aber für eine Dolmetscher-Ausbildung in München und vervollkommnete sich in Englisch,

Unten: Aus der Hand seines Großvaters erhält Carl Gustaf ein Ehrenschwert.

Ganz unten: 1972 verliebte sich Carl Gustaf bei den Olympischen Spielen in München in die hübsche und sprachgewandte Hosteß Silvia Sommerlath. Spielte sie deshalb so übermütig Stierkampf mit Josef Neckermann, dem Olympiasieger und Weltmeister im Dressur-Reiten ...

Französisch, Spanisch und Portugiesisch. Zwei Jahre arbeitete sie im argentinischen Konsulat in München, bevor sie sich als Hostess für die herannahenden Olympischen Spiele bewarb. Mit ihrer Qualifikation, ihrem Charme und ihrem Organisationstalent stieg sie bis zum Olympiajahr 1972 zur Chef-Hostess auf. Zu Silvias Aufgaben gehörte es

Links: Nach dem Tode von Gustav VI. Adolf hielt Carl XVI. Gustaf am 19. September 1973 seine erste Thronrede. «Mein Großvater wurde zum Sinnbild eines modernen Monarchen», sagte er dabei. «Ich bin entschlossen, seinem guten Beispiel zu folgen.»

Unten: Am selben Tag wurde Carl XVI. Gustaf vereidigt. Justizminister Lennart Geiger sprach ihm den Eid vor. Anwesend war auch der damalige Premierminister Olof Palme.

auch, sich prominenter Gäste anzunehmen – und so traf sie auf den lebenslustigen Kronprinzen aus Schweden. Sie verstanden sich auf Anhieb. «Der Funke zündete», sagte Carl Gustaf später, «und er schwelte weiter.»

Jubel am Hochzeitstag

1973 dauerte es einige Monate, bis die Zeitungen herausgefunden hatten, wer die Unbekannte von der Tankstelle auf Öland war. Das hatte zur Folge, daß sich das Paar nirgendwo in der Öffentlichkeit zeigen konnte. Selbst bei einem Silvesterurlaub in der Schweiz wurden sie von Fotografen und Reportern aufgespürt. Nur auf einer Kreuzfahrt mit guten Freunden auf dem Mittelmeer hatten sie einigermaßen Ruhe. Dafür wurden Silvias Eltern in Heidelberg heimgesucht.
Im März 1976 fand endlich die offizielle Verlobung statt, und schon drei Monate später folgte eine glanzvolle Hochzeit in Storkyrkan, der Stockholmer Domkirche. «War die Entscheidung schwierig, einen König zu heiraten?» fragte ein Reporter die Braut. Ihre Antwort: «Es war nicht die Entscheidung, einen König zu heiraten, sondern die Entscheidung, den Mann zu heiraten, den man liebt.» Schweden jubelte am Hochzeitstag und ist auch heute noch mit der Königin aus Deutschland einverstanden. Deutschen Journalisten kann es gelegentlich passieren, daß Schweden ihnen versichern: «Silvia ist das Beste, das wir je aus Deutschland bekommen haben.»

Als die Könige noch Herrscher waren

Einmal in der Woche schreiten König und Königin durch den langen, von Statuen flankierten Säulengang im Ostflügel des Stadtschlosses zu einem kleinen Sitzungssaal. Hier hat sich der unmittelbare Stab versammelt, um in kleinstem Kreis die Pflichttermine der beiden Ma-

Unten: Als Carl Gustav 1973 die Thronfolge antrat, war seine Romanze mit Silvia Renate Sommerlath bereits in aller Munde. Die Presse verfolgte das Paar auf Schritt und Tritt bis zur Verlobung im März 1976.

Rechts: Schon drei Monate nach der Verlobung fand im Juni 1976 in Storkyrkan, der Stockholmer Domkirche, die glanzvolle Hochzeit statt.

Ganz rechts, von oben nach unten: Unter dem Jubel der Bevölkerung verließ das Brautpaar die Kirche. Die königliche Barke «Vasaorden» brachte die Frischvermählten zum Königspalast, wo sie sich glücklich der begeisterten Menge präsentierten.

jestäten für die kommende Woche zu besprechen und dabei auch zu entscheiden, ob die Majestäten dabei gemeinsam oder einzeln auftreten. Es sind hauptsächlich repräsentative und zeremonielle Pflichten, seit der direkte politische Einfluß des Monarchen im Laufe einer an Auseinandersetzungen reichen Geschichte immer mehr zurückgedrängt worden ist. Die Tagespolitik ist in Schweden Sache des Parlaments und der Regierung.

Könige gibt es in Schweden seit gut tausend Jahren. Schon aus dem 9. Jahrhundert werden Legenden von einem Königreich Svea überliefert. Bekannt sind die Namen der Könige seit 980 – bis heute über 50. In der frühen Zeit war Schweden ein Wahlkönigtum: die Könige wur-

133

Oben: Carl Gustaf und Silvia bei einem Staatsbesuch in Jordanien mit König Hussein und seiner Frau.

Links: Der japanische Kronprinz Akihito – inzwischen Kaiser – auf Besuch in Schweden.

den von den Adelsherren aus ihrer Mitte gekürt.
Das änderte sich im 16. Jahrhundert mit Gustav Eriksson Wasa, an den sich Tausende von Schweden an jedem ersten Sonntag im März bei dem berühmten «Wasa-Lauf» erinnern, einem Skilanglauf über 85,5 Kilometer von Sälen nach Mora. Gustav Wasa war es, der Schweden 1521 von der dänischen Oberherrschaft befreite, die sich seit 1397 durch die Kalmarer Union zwischen den drei skandinavischen Ländern herausgebildet hatte, und damit den schwedischen

Oben: Feierliche Verleihung der Nobelpreise 1990 für Physik, Chemie, Medizin und Literatur durch den König.

Rechts: Der König im Kreis seiner Minister.

Nationalstaat begründete. Nach seiner Wahl zum schwedischen König führte er 1544 die Erbmonarchie ein, nach der Reformation machte er sich auch zum Oberhaupt der schwedischen Kirche.
Berühmter in der Außenwelt wurde allerdings sein Enkel Gustav II. Adolf (1611 – 1632), der in Kriegen mit Rußland und Polen die Vorherrschaft über die Ostsee eroberte und Schweden damit zur ersten Macht in Nordeuropa machte. Auf dem Kontinent wurden inzwischen immer mehr Länder in den Dreißigjährigen Krieg verwickelt. Als

Unten: Zu Hause im Palast und auf Reisen lernte Königin Silvia den europäischen Hochadel kennen. Dabei traf sie auch Prinzessin Caroline von Monaco.

die Heere des katholischen Kaisers weit in den protestantischen Norden und gegen die Ostsee vordrangen, landete Gustav Adolf 1630 in Pommern. Bald hallte der Schreckensruf «Die Schweden kommen» bis nach Bayern und Böhmen hinunter durch die katholischen Lande. 1631 mußte sich ein kaiserliches Heer unter Tilly bei Breitenfeld geschlagen geben, doch schon im darauffolgenden Jahr fiel der Schwedenkönig in einer ebenfalls siegreichen Schlacht gegen den kaiserlichen Feldherrn Wallenstein bei Lützen.

«Ein Weib mit nicht eben sittlichem Lebenswandel»

Thronerbin war seine sechsjährige Tochter Christina, für die ein Regentschaftsrat unter dem Reichskanzler Axel Oxenstierna die Regierungsgeschäfte führte. 1644 übernahm sie – zu einer kunstliebenden, lebenslustigen und etwas exzentrischen jungen Dame herangewachsen – selbst die Regierung. Doch schon zehn Jahre später gab sie die Krone an ihren Vetter Karl-Gustav von Pfalz-Zweibrücken ab. Obgleich ihr Vater für die protestantische Sache sein Leben gelassen hatte, trat sie zur Katholischen Kirche über, lebte fortan in Rom und reiste viel durch Europa.

Wie eine alte Chronik zu vermelden weiß, kam sie dabei 1667 auch nach Hamburg, wo sie «bei dem reichen portugiesischen Juden Texeira abstieg, mit dem sie seit längerer Zeit in Geschäftsverbindung stand. Dieses Weibes Sinn neigte sich der katholischen Konfession zu, wahrscheinlich, weil diese Religion ihrem nicht eben sittlichen Lebenswandel ein größeres Terrain, sich zu bewegen und ihr Gewissen zu beschwichtigen, darbot. Sie lebte auch in Hamburg sehr ungebunden, kleidete sich nach Lust und Laune, bald als Weib, bald als Mann, ritt, fuhr, jagte, zechte, wie es ihr eben convenirte ...»

Links, von oben nach unten: Gratulation des Gatten zum Doktortitel, den die Königin 1990 von der Universität Åbo in Finnland erhielt. Silvia im Reisedreß, in Gala und in Landestracht beim Besuch einer der schwedischen Provinzen.

Unten: Einmal im Jahr tritt das Königspaar ins Rampenlicht der Weltöffentlichkeit, wenn Carl VI. Gustaf die Nobelpreise für Physik, Chemie, Medizin und Literatur überreicht. Die Königin bei der Zeremonie 1983.

Unten: Im Juli 1977 wurde das erste Kind des Königspaares geboren – eine Tochter. Dies löste eine öffentliche Diskussion darüber aus, ob die ausschließlich männliche Thronfolge noch zeitgemäß sei. 1980 verabschiedete der Reichstag ein Gesetz, nach dem das erstgeborene Kind ohne Rücksicht auf das Geschlecht die Nachfolge antritt. Die kleine Victoria wurde damit zur Kronprinzessin.

Zum Eklat kam es, als sie im erzprotestantischen Hamburg ein Fest zu Ehren des neugewählten Papstes Clemens IX. gab und das durstige Volk mit rotem und weißem Wein bewirtete. Am Abend ließ sie ein Transparent entrollen, das dem Papst ein langes Leben wünschte. «Das war nun aber etwas über die Begriffsfähigkeit des benebelten Pöbels», berichtet die Chronik. «So hoch hinauf reichte seine Toleranz trotz des spendierten Weines nicht. Man erklärte dem Papst ab sofort den Krieg und fing ein Bombardement mit Gassensteinen an. Ein Hausdiener der Königin, als päpstlicher Parteigänger, ließ sich gelüsten, Feuer auf den Haufen zu geben, und nun gab es eine so tumultuarische Bestürmung des Hauses, daß Christine sich nur noch eben durch ein Hinterpfört-

Linke Seite, oben und unten: Das zweite Kind war ein Sohn. Im August 1979 wurde Carl Philip getauft, während Victoria auf einem goldenen Sesselchen aufmerksam die Zeremonie verfolgte. Anschließend trug der Vater den Sohn, die Mutter die Tochter aus der Kirche. Hinter ihnen die Taufpatin Königin Margrethe von Dänemark.

Unten: 1982 kam als drittes Kind wieder eine Tochter zur Welt, die den Namen Madeleine erhielt. Die Eltern bemühten sich sehr, genügend Zeit zum Spielen und Basteln mit ihren Kindern zu haben.

chen zu flüchten Zeit fand ...». In unserem Jahrhundert wurde die exzentrische Ex-Königin zur Heldin eines Dramas von August Strindberg (1903) und eines Hollywood-Films mit Greta Garbo (1933).

Mit Christina war das Geschlecht der Wasa erloschen. In den anderthalb Jahrhunderten nach 1654 kamen die schwedischen Könige aus deutschen Häusern: Pfalz-Zweibrücken, Hessen-Kassel, Holstein-Gottorp. Um 1700 erwies sich Karl XII. noch einmal als großer Kriegsherr, als sich Rußland, Polen-Sachsen und Dänemark gegen ihn verbündeten. Im «Großen Nordischen Krieg» besiegte er Dänemark, eroberte Polen und schlug eine russische Übermacht bei Narwa in Estland. Doch dann nahm er den Fehler Napoleons und Hitlers vorweg und marschierte tief nach Rußland hinein. In einer Schlacht gegen die Truppen Peters des Großen bei Poltawa in der Ukraine erlitt Karl XII. eine verheerende Niederlage. Mit Schwedens Vormachtstellung im Norden war es damit zu Ende.

Die Schweden werden friedfertig

Gelegenheit zum Streit fanden die Schweden in der nächsten Zeit genügend bei sich zu Hause – vor allem zwischen dem König und den im Reichstag versammelten Ständen. Wurde die Macht des Monarchen unter einem schwachen König durch den Reichstag begrenzt, so gelang es einem stärkeren Nachfolger, sie wieder zurückzuerobern. Im Verlauf dieser Kämpfe wurde 1792 ein König von der adligen Opposition ermordet, ein anderer 1809 durch einen Staatsstreich gestürzt. Im selben Jahr erhielt Schweden eine Verfassung, die das Recht, Steuern zu erheben, allein dem Reichstag gab, ansonsten aber die Macht möglichst gleichmäßig zwischen König und Reichstag verteilte.

Dieser König war zunächst Karl XIII., der freilich keine Nachkommen hatte. Damit fand die Thronfolge ein natürliches Ende, und die Schweden mußten Ausschau halten nach einem neuen Mann für ihre Krone. Ihre Wahl fiel dabei auf einen der berühmten Heerführer des Franzosenkaisers Napoleon, den französischen Marschall Jean Baptiste Bernadotte, der übrigens kein Adliger

Links: In Landestracht wohnt die Königsfamilie einem Umzug zum Nationalfeiertag bei.

Unten links: Wenn es der Terminkalender am Wochenende zuläßt, kauft Königin Silvia gern selbst auf dem Markt ein und kocht im Schloß für ihre Familie. Wie jede Hausfrau vergleicht sie die Preise und prüft die Qualität.

Oben: Vater und Tochter Victoria bei einem Spaziergang auf der Insel Öland, auf der die Familie die Sommerferien verbringt.

war. Als Thronfolger nahm er 1810 den Namen Karl Johann an, und schon vier Jahre später zwang er die norwegischen Nachbarn in eine Union mit Schweden, die bis 1905 dauern sollte. 1818 wurde er als Karl XIV. Johann zum schwedischen König gekrönt.

Unter den Bernadottes hat das einst so eroberungslüsterne Schweden an keinem Krieg mehr teilgenommen, sondern stets Neutralität gewahrt. Im Inneren freilich ging der Machtkampf zwischen dem König auf der einen, dem Reichstag und den Ministern auf der anderen Seite weiter, wechselvoll wie zuvor, doch gewann der Parlamentarismus schrittweise an Boden. Zu Anfang dieses Jahrhunderts errang er den endgültigen Sieg. Während es in der Verfassung von 1809 noch hieß: «Der König allein hat das Recht, das Reich zu lenken», beginnt die zuletzt verabschiedete Verfassung von 1975 mit den Worten: «Alle Staatsgewalt in Schweden geht vom Volke aus» und beschreibt damit einen Zustand, der schon vorher Gewohnheit war.

Nach dieser Verfassung ist der König das Staatsoberhaupt, das Botschafter und Gesandte fremder Staaten akkreditiert und jährlich im Oktober den Reichstag eröffnet. Er leitet die Staatsratssitzung, die bei einem Regierungswechsel stattfindet, und ist Vorsitzender des Ausschusses, der die Zusammenarbeit zwischen Regierung und Reichstag in außenpolitischen Fragen koordiniert. Außerdem hat er den höchsten militärischen Rang des Landes inne, wenngleich die Streitkräfte ausschließlich dem Reichstag unterstehen. Einmal im Jahr tritt er in das Rampenlicht der Weltöffentlichkeit, wenn er in Stockholm feierlich die Nobelpreise für Physik und Chemie, Medizin und Literatur überreicht.

Links: Kronprinzessin Victoria am Nationalfeiertag in Landestracht.

Unten links und rechts: Im Winter und zu Ostern fährt die Familie in Skiurlaub. 1990 war sie in Storlien, nicht weit von der Grenze zu Norwegen.

Abends nach Hause ins Grüne

Der mächtige Gebäudekomplex des Stadtschlosses mit den Amts- und Repräsentationsräumen des Monarchen erhebt sich inmitten von Stockholm auf einer Insel, der «Stadt zwischen den Brücken». Schon Gustav Wasa hatte hier seine Burg. Der heutige Bau allerdings stammt aus den Jahren 1692 bis 1754 (bis zur endgültigen Fertigstellung sogar 1770) und spiegelt den damaligen Glanz der schwedischen Königsmacht wider. Baumeister waren Nicodemus Tessin der Jüngere und sein Sohn Carl Gustaf Tessin, die der Residenz prächtige Barockfassaden gaben, während die Innenräume im verspielteren Stil des Rokoko und später auch des strengeren Klassizismus eingerichtet wurden. Unter den Königsschlössern Europas hebt es sich auch dadurch hervor, daß Repräsentationsräume, Säle und Treppenhäuser sowie das Schloßmuseum und die Schatzkammer in den Gewölben von jedermann besichtigt werden können und nur bei einem Staatsbesuch, einer offiziellen Feierlichkeit oder einem ähnlichen Anlaß für die Öffentlichkeit gesperrt sind. Auch das Antiken-Museum von Gustav III. ist im Schloß untergebracht.

Im Stadtschloß «arbeitet» Carl XVI. Gustaf, hier absolviert er auch seine zeremoniellen Pflichten. Nach Feierabend aber fährt er wie andere Stockholmer nach Hause, in seine Residenz, die vor den Toren der Stadt auf einer größeren Insel liegt. Schloß Drottningholm wurde bereits im 17. Jahrhundert nach Plänen von Nicodemus Tessin dem Älteren errichtet, ebenfalls in Barock, während das Innere durch spätere Umbauten vielfach in fröhlichem französischem Rokoko dekoriert ist. Berühmt ist der Barockgarten gleich hinter dem Schloß, um den herum sich ein nicht weniger bekannter, 1780 von Frederik Magnus Piper gestalteter Englischer Garten er-

Unten: Das mächtige Königsschloß mit den Amts- und Repräsentationsräumen des Monarchen erhebt sich mitten in Stockholm auf einer Insel. Schon Gustav Wasa hatte hier seine Burg. Der heutige Bau mit seinen prächtigen Renaissance- und Barockfassaden stammt aus den Jahren 1692 bis 1754.

streckt. Im Sommer sind die offiziellen Räume des Schlosses und die Gärten von Drottningholm für jedermann geöffnet.

Zum ersten Mal wieder eine Thronfolgerin

Es war 1981 vor allem der Wunsch von Königin Silvia, vom Stadtschloß nach Drottningholm überzusiedeln, denn hier gibt es viel Grün, viel Auslauf für die Kinder, und auch die Luft ist frischer als in der Stadt. Das Königspaar hat drei Kinder – Victoria (1977), Carl Philip (1979) und Madeleine (1982). Auch für sie macht sich der Wandel der Zeiten bemerkbar: Ihr Vater hat vier ältere Schwestern, dennoch war es nach dem Thronfolgegesetz von 1810 bei dem Tod seines Großvaters selbstverständlich, daß er, der Mann, die Nachfolge antrat. Doch bei der Geburt seiner Tochter Victoria entflammte in Schweden eine Diskussion, in deren Verlauf diese Regelung immer entschiedener als unzeitgemäß und ungerecht gebrandmarkt wurde. Daran änderte auch die Tatsache nichts, daß dem Königspaar 1979 mit Carl Philip ein Sohn geboren wurde. Der Reichstag erließ 1980 ein neues Gesetz, das bestimmt, daß künftig das jeweils erstgeborene Kind des Königspaares ohne Rücksicht auf das Geschlecht Thronfol-

Rechts: Die Innenräume des Schlosses sind im Stil des Rokoko und später auch des Klassizismus eingerichtet. Oben die nach Karl XI. genannte Galerie, unten ein großzügiger Empfangssaal.

ger/in wird. Danach ist also Victoria die Kronprinzessin und voraussichtliche Nachfolgerin ihres Vaters. Die Eltern trauen ihrer Tochter zu, daß sie die Aufgabe meistert, doch sehen sie mit Sorge, daß Victoria später einen Ehemann finden muß, der sich mit der Rolle eines Prinzgemahls bescheidet.
Doch noch ist von Nachfolge keine Rede, noch ist Carl XVI. Gustaf ein Mann «in den besten Jahren», der in den

Links: Residenz der Königsfamilie ist Schloß Drottningholm vor den Toren Stockholms. Die Barockgärten und die englische Parkanlage sind der Öffentlichkeit zugänglich.

Offizielle Räume des im 17. Jahrhundert erbauten Schlosses. Im Bild oben der «Stein-Saal», unten der Ehrenstrahl-Saal mit Porträts europäischer Herrscherinnen.

Unten: Jünger als die anderen Schlösser ist der Sommersitz des Königs auf der Insel Öland. Solliden wurde zu Anfang dieses Jahrhunderts errichtet. Der Stil ist der italienischen Renaissance nachempfunden.

Unten: Der gepflegte Garten täuscht darüber hinweg, daß Solliden der Familie vor allem als Urlaubsparadies für die Kinder dient. Hier können sie rudern und segeln, reiten und radeln und mit Mutter oder Vater Kutschfahrten unternehmen.

Sommerferien mit seinen Kindern Boot fährt und Erdbeeren pflückt, das Pony am Zügel hält und Fahrräder und Spielzeug repariert. Die Ferien verbringt die Königsfamilie in der Regel auf der Insel Öland in Schloß Solliden, das zwar erst zu Anfang dieses Jahrhunderts errichtet wurde, aber mit Rücksicht auf die damalige Königin, die eine Vorliebe für den Süden hatte, der italienischen Renaissance nachempfunden ist. Im Unterschied zu den anderen Schlössern ist Solliden Privateigentum des Königs.
Einen Monat dauern die Ferien, dann zieht die Familie mit Koffern und Spielzeugkisten und – nicht zu vergessen – Hunden, Katzen und Kaninchen zurück in die Stadt. Der Vater fährt wieder täg-

Unten: Gustav Eriksson Wasa befreite Schweden 1521 von dänischer Oberherrschaft und begründete damit den schwedischen Nationalstaat. Als König führte er die Erbmonarchie ein und machte sich nach der Reformation auch zum Oberhaupt der schwedischen Kirche.

Unten: Gustav II. Adolf, Enkel von Gustav Wasa, führte die Schweden immer wieder aufs Schlachtfeld und machte sein Land zur Vormacht im Norden. Im Dreißigjährigen Krieg verfochten seine Heere die protestantische Sache quer durch Europa bis hinab nach Prag.

Unten: Gustav Adolfs Tochter Christina entsagte mit 29 Jahren dem Thron. Sie war kunstliebend und lebenslustig, reiste viel durch Europa, wohnte in Rom und trat zum Katholizismus über, obwohl ihr Vater auf Seiten der Protestanten gefallen war. Mit ihr erlosch das Geschlecht der Wasa.

lich in sein Amtszimmer im Stadtschloß, zuweilen in großer Uniform, wenn es einen hochoffiziellen Anlaß gibt. Man sagt ihm nach, daß er nach wie vor voller Lebenslust ist – ein Mann, der gutes Essen und gute Weine zu schätzen weiß und gern auch mal mit schönen Mädchen tanzt. Einige seiner früheren Zechgenossen freilich soll die ernsthaftere Silvia aus seinem Umgang verbannt haben.

Die Königin, wenn sie nicht an seiner Seite sein muß, kauft gern in Östermalm ein oder sie widmet sich ihrer Lieblingspflicht, der Behindertenarbeit. Neben geschützten Werkstätten und Heimen besucht sie immer wieder eine Schule für taube und hörgeschädigte Kinder in Stockholm und gibt sich dabei alle Mühe, sich mit den Schülern und Schülerinnen in der Gebärdensprache zu verständigen. Wegen ihres Engagements für den Behindertensport wurde Königin Silvia 1990 mit dem Deutschen Kulturpreis ausgezeichnet.

Sie hat viel zu tun, doch wenn sie es irgend einrichten kann, versucht sie wie andere Mütter «zu Hause» zu sein, wenn die Kinder aus der Schule kommen. «Ein intaktes Familienleben», so sagte sie einmal, «ist das Beste, was man seinen Kindern mitgeben kann.» Und das gilt auch – oder erst recht – wenn Vater und Mutter König und Königin sind ...

DAS HAUS BERNADOTTE

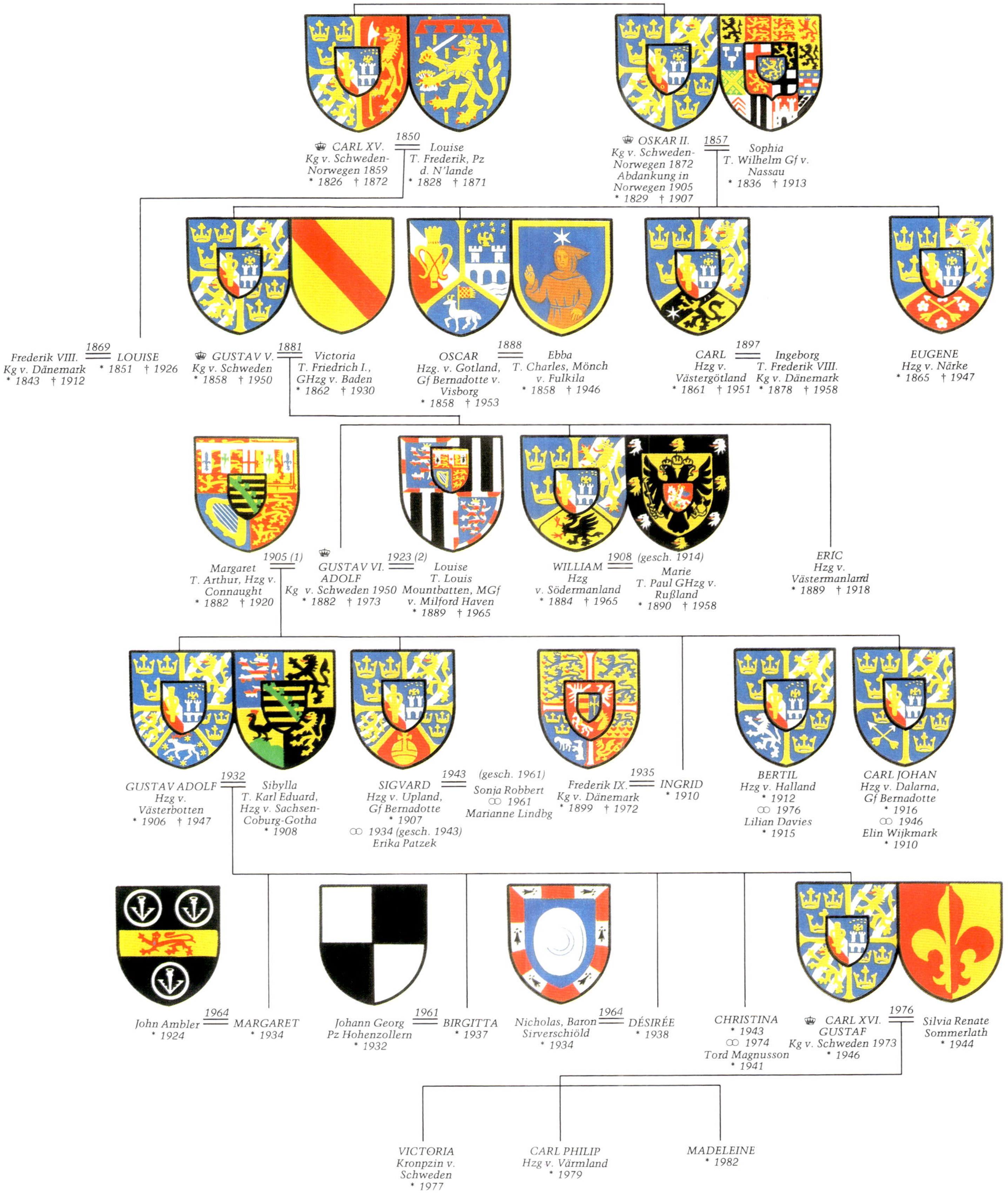

NORWEGEN

Einen Monarchen, der in der Tradition des alten norwegischen Königshauses steht, hat das Land zwischen Skagerrak und Nordkap erst wieder seit 1905. Nach fünf Jahrhunderten unter dem Szepter dänischer und schwedischer Herrscher (Kalmarer Union) wurde damals der dänische Prinz Carl aus dem Hause Glücksburg nach einem Volksentscheid in Oslo inthronisiert. Dem norwegischen Nationalgefühl entsprach es, daß er dabei den aus der Wikinger-Tradition hergeleiteten Namen Haakon VII. annahm. Schon lange vorher hatte sich ein eigenständiger norwegischer Charakter vor allem in der Literatur bekundet, die häufig auch in anderen europäischen Ländern Aufsehen erregte. Fast zur gleichen Zeit im 19. Jahrhundert schrieben Björnstjerne Björnson, der Patriot, der sich um die Wiedererweckung angestammter norwegischer Überlieferungen bemühte, und vor allem Henrik Ibsen, der naturalistische Dramatiker, der den Problemen von Liebe und Ehe und der Lebenslüge in allen ihren Formen nachspürte und eine Reihe heroischer Frauengestalten wie Nora, Hedwig und Hedda Gabler auf die Bühnen Europas brachte. In unserem Jahrhundert folgten Sigrid Undset und Knut Hamsun, beide wie Björnson mit dem Nobelpreis für Literatur ausgezeichnet. Von den bildenden Künstlern wirkte vor allem der Maler Edvard Munch jenseits der Landesgrenzen als ein Wegbereiter des Expressionismus. Der Polarforscher Roald Amundsen stand 1911 als erster Mensch auf dem Südpol und flog mit einem Luftschiff 1927 zuerst über den Nordpol. Über ihre Heimat hinaus blickten auch zwei Diplomaten, die nicht nur für norwegische Interessen eintraten: Fridtjof Nansen, von 1921 – 1923 Hochkommissar des Völkerbundes für Flüchtlingsfragen und Schöpfer des «Nansen-Passes» für politische Flüchtlinge, und Trygve Lie, von 1946 – 1953 erster Generalsekretär der Vereinten Nationen. Mit Harald V. hat das Land jetzt den dritten König seit der Unabhängigkeit.

Die norwegische Königskrone wurde 1818 von König Karl Johan auf dessen persönliche Rechnung angeschafft und das erste Mal getragen beim Begräbnis seines Vorgängers Karl II. im selben Jahr. Sie wurde zum letzten Mal von König Haakon VII. bei dessen Krönung 1906 im Nidaros-Dom in Trondheim getragen. Seine beiden Nachfolger, König Olav V. (ab 1957) und König Harald V. (ab 1991) wurden nicht gekrönt, aber die Krone und andere Regalien lagen auf dem Altar bei deren Segnung im Nidaros-Dom. Die Krone wird in der norwegischen Staatsbank in Trondheim aufbewahrt.

DIE ERBEN DER WIKINGER

Wie sein Vater war auch Norwegens gegenwärtiger König Harald V. schon über fünfzig, als er im Januar 1991 sein hohes Amt antrat. Und wie sein Vater Olav V. ist auch Harald ein begeisterter Sportler zu Wasser und in den Bergen. «Skikönig» hieß der Vater wegen seiner lebenslangen Leidenschaft bei seinen Landsleuten. Bereits mit dreieinhalb Jahren erhielt er sein erstes Paar Skier, worüber er sehr stolz war. Mit 18 nahm er an Skiwettbewerben in Holmenkollen teil und kam immer wieder zu allen großen Ereignissen hierher. Als alter Mann zeigte er sich noch in Holmenkollen, hoch aufgerichtet, nur beim Gang über Schnee auf einen Stock gestützt. Schon zu Lebzeiten hatten ihm die Norweger dort ein Denkmal gesetzt. Es zeigt Olav V. beim Langlauf, dem Sport, den er bis ins hohe Alter betrieben hat. Er war 87 Jahre alt, als er am 17. Januar 1991 einem Herzanfall erlag.

KAMERAD KRONPRINZ

Auch die nachfolgenden Generationen standen schon von Kindesbeinen an auf den Brettern: Harald V., der im Alter von 53 Jahren die Nachfolge angetreten hat, und seine Frau Sonja, die nebenbei diplomierte Ski-Lehrerin ist, und ebenso ihre Kinder Märtha Louise und Haakon Magnus. Im Sommer aber ist Harald ein begeisterter Hochsee-Segler, der sein Land schon mehrfach auf der Kieler Woche und 1964, 1968 und 1972 bei den Olympischen Spielen vertreten hat. In Tokio 1964 trug er auch die norwegische Flagge ins Stadion. Mit acht oder zehn anderen Seglern bereitete er sich monatelang auf den Wettbewerb vor. Die eigene Crew, aber auch Segler aus anderen Ländern, schätzten den Kronprinzen als einen guten Kameraden, der nach einem errungenen Sieg auch feucht-fröhliche Feste zu feiern wußte, wie sie die Norweger lieben.

Sportlich ist das norwegische Königshaus – und volkstümlich. Es hält sich an die Devise: Keine große Hofhaltung, einfacher Lebensstil. Von König Olav wird berichtet, daß er vor Weihnachten seine Geschenke selbst einkaufte und

Linke Seite: Als die Herrschaft über Norwegen von Dänemark auf Schweden überging, beschlossen die Norweger, sich unabhängig zu machen. In Eidsvoll nördlich von Oslo wurde am 17. Mai 1814 die Verfassung verabschiedet. Doch das Unternehmen scheiterte. Schweden beharrte auf seinem Herrschaftsanspruch. Heute ist der 17. Mai Nationalfeiertag des seit 1905 unabhängigen Norwegen. Das Gemälde hängt heute in Storting.

daß er während der Energiekrise wie die anderen Bürger das Auto in der Garage ließ und öffentliche Verkehrsmittel benutzte. Die Tradition verlangt, daß jeder Norweger Zugang zu seinem König haben soll, und so empfing er jedes Jahr Hunderte von Mitbürgern in Privataudienz. Mit seiner schlichten Würde

Links: Am 25. November 1905 kam Prinz Carl von Dänemark als neuer norwegischer König Haakon VII. nach Oslo. Auf dem Arm trug er seinen zweijährigen Sohn Alexander, der als Kronprinz den ebenfalls aus der Tradition stammenden Namen Olav erhielt.

Unten: König Haakon VII. am Krönungstag mit seiner Frau Maud, einer Tochter des englischen Königs Edward VII.

war er das Staatsoberhaupt und zugleich der beliebte «Großvater der Nation».

In diesem Jahrhundert gab es bisher drei norwegische Könige: Haakon VII., Olav V. und jetzt Harald V. Diese Namen und die Zahlen hinter ihnen zeigen an, daß sich die Monarchie in Norwegen auf eine Tradition beruft, die weit in die

Rechts: König Haakon 1911 mit seinem inzwischen achtjährigen Sohn Olav auf der Halbinsel Bygdoy bei Oslo.

Unten: Nach der deutschen Kapitulation im Mai 1945 kehrte als erster Kronprinz Olav aus dem Exil zurück und übernahm das Kommando über die norwegischen Truppen. Im Juni folgte der König mit Kronprinzessin Märtha und ihren drei Kindern Ragnhild, Astrid und Harald.

Vergangenheit zurückreicht. Für gut ein halbes Jahrtausend allerdings war sie unterbrochen, denn Haakon VI., letzter Namensvorgänger von Haakon VII., regierte von 1355 bis 1380 und Olav IV. von 1380 bis 1387. Sie standen am Ende einer stürmischen Geschichtsepoche, in der Krieger aus dem hohen Norden Europas alle Küsten des Kontinents heimgesucht hatten.

Es fing an mit Harald Schönhaar

Wikinger nannte man sie oder auch Normannen, die mit ihren Schiffen am Horizont auftauchten und als Eroberer an Land stürmten. Schon im 8. und 9. Jahrhundert setzten sie von Norwegen und Dänemark aus nach Schottland und Irland über. Später erreichten sie eine Küste jenseits des großen Ozeans, die

Links: Drei Generationen auf einem Foto von 1952 – König Haakon VII., Kronprinz Olav und zwischen ihnen Harald, seit Januar 1991 König von Norwegen.

sie Vinland nannten und die vermutlich zu Neufundland gehört. Um 911 begründeten sie ihre Herrschaft über den äußersten Westen von Frankreich, der seither «Normandie» heißt. Von dort kam im Jahre 1066 Wilhelm der Eroberer und unterwarf England. Inzwischen hatten die Nordmänner längst auch das Mittelmeer erreicht, wo sie Normannenstaaten in Apulien und auf Sizilien errichteten.

Oben: Kronprinz Olav mit seiner Familie im Mai 1953 anläßlich der Konfirmation seines Sohnes Harald.

Oben rechts: Kronprinz Olav mit seiner Frau Märtha 1939 bei einem Besuch in den USA, wo sie auch von Präsident Roosevelt empfangen wurden.

Rechts: König Olav V. war ein passionierter Wintersportler, der bis ins hohe Alter Ski lief.

Während die Wikinger die Meere unsicher machten, war ihre norwegische Heimat in zahlreiche kleine Fürstentümer und Herrschaften zersplittert. Erst kurz nach 900 gelang es König Harald, der später den Beinamen «Schönhaar» erhielt, das Land der Fjorde und Seen, der Berge und Wasserfälle, zu einen. Sein jüngster Sohn war der erste Haakon auf dem Thron, ein Urenkel von ihm der erste Olav. Es sind diese drei Königsnamen aus der turbulenten

Unten: Wie jedes Jahr im Oktober eröffnete König Olav V. auch 1989 die Sitzungsperiode des Storting mit einer Thronrede. Neben ihm Kronprinz Harald, der heutige König, der sich an der Seite seines Vaters in die Staatsgeschäfte einarbeiten konnte.

Ganz unten: In Holmenkollen errichteten die Norweger ihrem «Skikönig» ein Denkmal, das Olav V. 1984 zum ersten Mal in Augenschein nahm.

Gründerzeit des Reiches – Harald, Haakon und Olav – mit denen die Monarchie von heute an die große Vergangenheit anknüpft. Nach dieser historischen Zählung folgte der jetzige König seinem Vater als Harald V. nach.
Seine Blütezeit erlebte das damalige Königreich im 13. Jahrhundert unter Haakon IV., der seine Residenz in Bergen aufschlug. Doch schon im 14. Jahrhundert – nach dem Tod von Haakon VI. – ging die norwegische Unabhängigkeit zu Ende. 1397 brachte die sehr tatkräftige Königin Margrethe von Däne-

Links: Ein offizielles Porträt von König Olav aus dem Jahre 1985.

Unten: Als Olav V. am 17. Januar 1991 im Alter von 87 Jahren verstarb, sammelten sich trauernde Landeskinder vor dem Königsschloß. Am 30. Januar wurde der «Volkskönig» zu Grabe getragen.

mark einen Verbund der drei skandinavischen Länder zustande, der als Union von Kalmar in die Geschichte einging. Schweden machte sich schon 1521 wieder selbständig, Norwegen aber blieb jahrhundertelang ein Teil von Dänemark – bis 1814.

Weil die Dänen es damals mit Napoleon gehalten hatten, mußten sie Norwegen im Frieden von Kiel an Schweden abtreten. Diese Gelegenheit machten sich die Norweger zunutze: In Eidsvoll, einem Herrenhaus nördlich von Oslo, traten 112 Abgeordnete zu einer verfassungsgebenden Versammlung zusammen. Am 17. Mai 1814 wurde eine Verfassung verabschiedet, die eine Erbmonarchie und den Storting als gesetzgebende Volksvertretung, zugleich aber ein vom König berufenes Kabinett mit lediglich beratender Funktion vorsah.

Parade der Schuljugend

Der 17. Mai ist bis heute der Nationalfeiertag des Landes. Anders als in anderen Staaten bestimmen an diesem Tag nicht Militärparaden und Honoratioren das Bild der Hauptstadt, sondern fahnenschwenkende Schüler, die fröhlich auf der Karl Johans Gate zum Schloß hinaufziehen, um dem König und seiner Familie zuzujubeln. Es ist ein ausgelassenes Volksfest, mit dem sich die Nor-

Rechts: Der heutige König Harald V. im Jahre 1938 – noch nicht ganz ein Jahr alt.

Unten: Harald als Dreizehnjähriger beim Skilaufen. Später wurde er auch ein begeisterter Segler.

Mitte rechts: Harald in der Smestad-Schule. Wie sein Vater Olav besuchte er öffentliche Schulen, um möglichst wie alle anderen Norweger aufzuwachsen.

Ganz unten links: 1955 bestand Harald die Aufnahmeprüfung für die Universität.

Ganz unten rechts: Der Kronprinz in einem Manöver. Er verließ die Streitkräfte, deren Oberbefehlshaber er heute ist, als Leutnant.

Auf einer Party hatten sie sich kennengelernt und auf einem Ball die Bekanntschaft vertieft, im August 1968 wurden sie getraut – der Königssohn Harald und die Kaufmannstochter Sonja Haraldsen.

weger an Eidsvoll und den Kampf um ihre Unabhängigkeit erinnern.
Damals freilich, im Jahre 1814, blieb das Glück nicht ungetrübt, denn Schweden war nicht bereit, die Beschlüsse von Eidsvoll einfach hinzunehmen. Es kam sogar zu einer kurzen kriegerischen Auseinandersetzung und dann zu einem Kompromiß, der aber die Norweger nicht befriedigen konnte. Erst neun Jahrzehnte später mußte Schweden schließlich nachgeben, als der norwegische Storting im Juni 1905 kurzerhand das Ende der Union erklärte. In einer Volksabstimmung im November entschieden sich die Norweger mit großer Mehrheit gegen eine Republik und für die Monarchie. Als ihren ersten König wählten sie einen Mann aus dem Land, an das sie vor sechs Jahrhunderten ihre Unabhängigkeit verloren hatten: Prinz Carl von Dänemark. Gleich bei der Ankunft schlug er einen Bogen zurück in jene frühe Zeit der ersten norwegischen Könige und nannte sich Haakon VII.

Die Wiedergeburt des Königreiches

Verheiratet war der König mit der etwas scheuen Prinzessin Maud, einer Tochter von Edward VII. von England. «Behold, I am a Queen», schrieb sie nach ihrer Ankunft an ihre englische Familie: «Stellt euch vor, ich bin eine Königin.» Und kurz vor ihrer Krönung im Dom von Trondheim hieß es in einem Brief an ihren Bruder: «Manchmal kommt es mir wie ein Alptraum vor: ich allein auf meinem Thron mit einer Krone – und das vor allen Menschen. Es wird sicherlich schrecklich ...»
Auch einen Thronfolger brachte das junge Paar mit, den zweijährigen Alexander. Man schlug vor, ihn fortan Harald zu nennen. Aber Königin Maud war dagegen und setzte für den kleinen Kronprinzen den ebenfalls aus der Tradition stammenden Namen Olav durch. Der spätere König Olav V. erreichte seine

Links: Haakon Magnus, der 1973 geborene Sohn von Harald und Sonja, im Sommer 1988 bei einer Wildwasserfahrt.

Links unten: Märtha Louise, die 1971 geborene Tochter des heutigen Königspaars, im gleichen Jahr bei einem Reitturnier.

Unten: Ihr Vater, damals noch Kronprinz, segelte derweilen beim World Cup in San Francisco mit.

Rechte Seite: Trotz der verschiedenen sportlichen Betätigungen findet sich die Familie oft zusammen.

neue Heimat im November 1905 auf den Armen seines Vaters. Harald V. ist jetzt der erste König, der in diesem Jahrhundert in Norwegen geboren wurde.
Königin Maud starb 1938. Sie hatte die schwerste Belastungsprobe der neuen Monarchie nicht mehr erlebt: den deutschen Überfall auf Norwegen, mit dem Hitler einem vermuteten englischen Eingreifen zuvorkommen wollte. In der Nacht zum 9. April 1940 begann der Angriff. Um 5 Uhr früh erschien der Botschafter des Deutschen Reiches beim Außenminister und forderte die sofortige Kapitulation. Das Kabinett lehnte im Einvernehmen mit dem König ab, und schon um 7 Uhr saßen Haakon VII. und seine Minister in einem Zug, der sie nach Elverum, 100 Kilometer nordöstlich von Oslo, brachte.
Die königliche Familie – Kronprinzessin Märtha und ihre drei Kinder Ragnhild (1930), Astrid (1932) und Harald (1937) – wurde auf schnellstem Wege ins benachbarte Schweden evakuiert, woher Märtha stammte. Da sie sich aber auch dort nicht sicher fühlten, nahm Märtha im August die Einladung von Präsident Roosevelt an, in Amerika Zuflucht zu suchen. König Haakon VII. und Kronprinz Olav wichen mit der Regierung zunächst vor den Invasionstruppen in den Norden des Landes aus. Doch wie beinahe vorhersehbar, war Norwegen gegen die deutsche Übermacht zur See und in der Luft nicht zu halten, und so schifften sie sich am 7. Juni 1940 nach England ein. König Georg VI. und Winston Churchill empfingen sie bei der Ankunft in London.
Im britischen Exil waren König und Kronprinz in den nächsten Jahren unermüdlich tätig, um den Untergrundkampf gegen die Deutschen zu organisieren. Tausende von jungen Norwegern flüchteten über Schweden nach England und meldeten sich bei den norwegischen Streitkräften, die bis zum Ende des Krieges auf 15000 Mann anwuchsen. Die große norwegische Handelsflotte fuhr im Dienste der Alliierten weiter, ohne je einen norwegischen Hafen anzu-

laufen, so daß kaum ein Schiff der Besatzungsmacht in die Hände fiel.

Begrüsst wie Helden

Am Mittag des 7. Juni 1945, auf den Tag genau fünf Jahre nachdem er Norwegen verlassen hatte, konnte Haakon VII. endlich heimkehren. Er wurde von seinem Sohn Olav herzlich begrüßt, der als Oberbefehlshaber der norwegischen Truppen schon gleich nach der deutschen Kapitulation im Mai zurückgekommen war. Der große, schlanke König und der etwas kleinere, stämmige Kronprinz wurden von der Bevölkerung wie Helden gefeiert. Und mancher Norweger, der ihnen zujubelte, mußte daran zurückdenken, wie er noch im letzten Winter heimlich ein «H 7» als Symbol für ein freies Norwegen ins vereiste Eisenbahnfenster gekratzt hatte.

König Haakon führte seine Amtsgeschäfte bis ins hohe Alter. Er war 84, als er 1957 starb. Ohne eine aufwendige Krönungszeremonie, die vom Parlament schon vor langer Zeit abgeschafft worden war, folgte ihm sein Sohn Olav. Er war bereits 54 Jahre alt und Witwer, seit Kronprinzessin Märthe 1954 gestorben war. Da er an der Seite seines Vaters genügend Erfahrungen gesammelt hatte, konnte er seine Aufgaben ohne Schwierigkeiten übernehmen.

Als Staatsoberhaupt ist der König zugleich Oberhaupt der Landeskirche und Oberbefehlshaber der Streitkräfte. Jedes Jahr im Oktober eröffnet er die Sitzungsperiode des Storting mit einer Thronrede, die – wie in Großbritannien – nicht von ihm, sondern von der Regierung verfaßt worden ist. Bei einem Regierungswechsel holt er die Empfehlung des ausscheidenden Ministerpräsidenten ein und beauftragt danach den Nachfolger mit der Regierungsbildung. Wenn aber eine Wahl keinen deutlichen Sieger ergeben hat und die Parteienkonstellation unklar ist, kann er auch selbst die Initiative ergreifen. An jedem Freitag empfängt er das gesamte Kabinett im Schloß zum Staatsrat. Davon unabhängig machen ihm Ministerpräsident, Außenminister und andere Ressortchefs regelmäßig ihre Aufwartung, um ihn

Rechte Seite: Am 17. Mai, dem Nationalfeiertag, ziehen die Schulkinder fröhlich die Carl Johan Gate zum Schloß hinauf und begrüßen den König und seine Familie.

Rechts: Als Königin widmet sich Sonja weiter den sozialen Aufgaben, die sie als Kronprinzessin übernommen hat.

Unten links: Das Kronprinzenpaar 1986 während einer Staatsvisite in Indien.

Unten rechts: Sonja und Harald bei einem Besuch der in Norwegen lebenden Lappen.

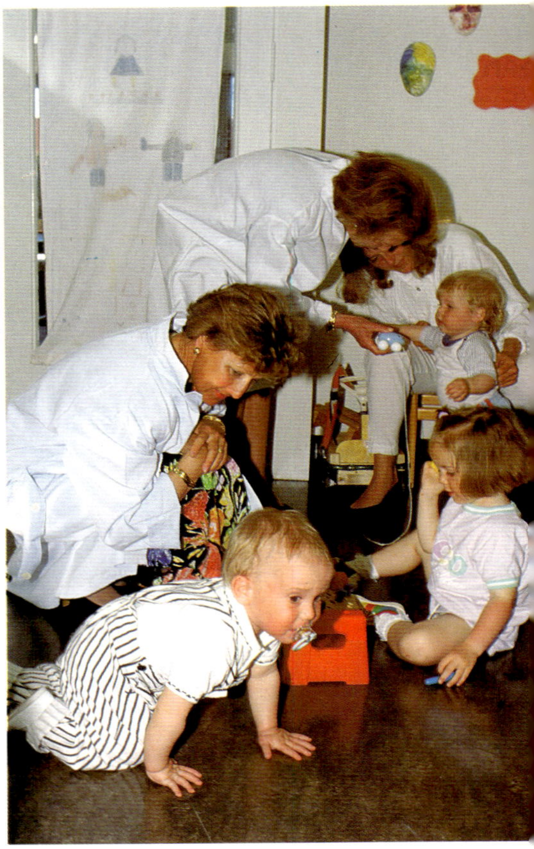

über die wichtigsten politischen Entwicklungen zu informieren.
Weil das Königshaus so fest im Volk verwurzelt ist, empfand es kaum ein Norweger als seltsam, daß die beiden Töchter Olavs V. keinen Prinzen, ja nicht einmal einen Grafen geheiratet haben und die älteste Tochter jetzt offiziell «Prinzessin Ragnhild Frau Lorentzen» heißt. Etwas anders verhielt es sich mit ihrem jüngeren Bruder, dem damaligen Kronprinzen. Ihn brachte man mit so gut wie jeder unverheirateten Prinzessin aus Europas regierenden und nicht mehr regierenden Königshäusern in Verbindung.

Der erste Prinz seit 567 Jahren

Harald, Jahrgang 1937, der «erste seit 567 Jahren in Norwegen geborene Prinz», wie es in Verlautbarungen heißt, verbrachte den Zweiten Weltkrieg mit seiner Mutter und den beiden Schwestern in den USA, wo er auch zwei Jahre lang auf die Grundschule ging. Nach der Rückkehr besuchte er in Smestad die Volksschule und danach «Katedralen», Norwegens ältestes Gymnasium. Mit seinen Klassenkameraden zog er am Nationalfeiertag fröhlich und ausgelassen durch die Straßen. Wie seine Freunde schwenkte er vor seinem Großvater auf dem Schloßbalkon die Fahne. Sechs Tage nach dem Tod von Haakon VII. nahm er mit seinem Vater zum ersten Mal an einer Sitzung des Staatsrates teil. An seinem 21. Geburtstag 1958 legte er dann als Kronprinz den Eid auf die norwegische Verfassung ab.
Inzwischen hatte Harald das Abitur gemacht und seinen Wehrdienst absolviert und war dann auf die Militär-Akademie gegangen. Auf einer Party lernte er ein hübsches junges Mädchen kennen. Sie hieß Sonja Haraldsen und hatte eine Ausbildung als Schneiderin hinter sich. Wie sie bald feststellten, war Harald nur vier Monate älter als sie – und beide waren sie Sonntagskinder. Sie verstanden sich auf Anhieb so gut, daß er sie zum Abschlußball der Militär-Akademie einlud, wo sie ihm zum frischerworbenen Leutnantsgrad gratulierte.
Dann begannen neun schwierige Jahre für das Paar. Harald ging ans Balliol College in Oxford, wo er Wirtschaft, Politische Wissenschaft und Geschichte studierte und für den Boat Club an Ruderregatten teilnahm. Sonja holte ihr Abitur nach und studierte dann Kunstgeschichte und Sprachen. Zwischendurch lebte sie in England und Frankreich, während Harald seinen Vater und sein Land bei königlichen Hochzeiten, Eröffnungs-

TOSTRUP
SÖLV
HOFF

Einige Räume – der Arkade-Saal (unten), die Prinzensuite (ganz unten links) und der Vogelsaal (rechts daneben) – im Königsschloß von Oslo. Das Schloß, ein langgestreckter, etwas nüchterner Bau, wurde in den Jahren 1825 bis 1848 errichtet, als Norwegen nach der fehlgeschlagenen Unabhängigkeitserklärung von Eidsvoll noch bis über die Jahrhundertwende hinaus vom schwedischen König in Personalunion regiert wurde. Der Öffentlichkeit ist das Schloß im allgemeinen nicht zugänglich.

zeremonien und Staatsbegräbnissen vertrat. Obwohl sie ihre Freundschaft als Privatangelegenheit betrachteten, erschien Sonjas Name immer häufiger in den Zeitungen. Schon bald schrieben die Reporter dazu, Norwegens Kronprinz sei offenbar unglücklich, denn nach dem Gesetz dürfe er ohne Genehmigung des Königs nicht heiraten.

König Olav fiel die Entscheidung tatsächlich nicht leicht. Immer wieder besprach er sich mit seinen Ministern. Im März 1968 rang er sich schließlich dazu durch, die Eheschließung zu genehmigen. «Ich hatte den Eindruck, daß nicht nur wir sehr erleichtert waren, sondern auch ein großer Teil der norwegischen Bevölkerung», erinnerte sich Harald später. Die Hochzeit fand am 29. August 1968 in der Kathedrale von Oslo statt, vier Könige, zwei Königinnen und zwei Staatspräsidenten waren unter den 900 Gästen. Olav V., der einst auf den Armen seines Vaters nach Norwegen ge-

Unten: Der Empfangssalon in der Prinzensuite. Napoleons Marschall Jean Baptiste Bernadotte (rechtes Gemälde) bestieg 1810 den schwedischen Thron als Karl XIV. Johann. Schon vier Jahre später zwang er die norwegischen Nachbarn zu einer Union mit Schweden. Das Gemälde links zeigt seine Gemahlin Désirée.

kommen war, sagte danach zur Braut: «Als du in die Kathedrale gingst, warst du Fräulein Sonja Haraldsen. Heraus kamst du als Kronprinzessin von Norwegen.» Seither bemerkte er gern, seine Familie sei offenbar so durch und durch norwegisch geworden, daß alle seine Kinder norwegische Bürgerliche geheiratet hätten.

Nach 53 Jahren auch wieder eine Königin

Olav V. war schon 54, als er König wurde. Als er 1991 starb, war sein Sohn nur ein Jahr jünger. Zudringliche Fragen, die es hin und wieder gab, als der Kronprinz die Fünfzig überschritten hatte, wehrte er ab mit einem humorigen «Könige gehen nicht in Pension». Im übrigen sei er viel zu beschäftigt, um frustriert zu sein. Damit meinte er nicht nur, daß er – wie man es von Kronprinzen erwartet – mit seiner Frau Sonja häufig norwegische Wirtschaftsinteressen im Ausland vertrat. Schon seit Jahren hatte er seinem Vater immer mehr Repräsentationspflichten abgenommen. Regelmäßig hatte er auch an den Sitzungen des

Unten: Auch in Bergen, der zweitgrößten Stadt des Landes, unterhält das Königshaus eine Residenz. Bergen war als Fischereihafen und Handelsplatz sowie als Sitz eines Kontors der Hanse jahrhundertelang bedeutender als Oslo. Der Dichter Ludvig Holberg wurde hier geboren ebenso wie der Komponist Edvard Grieg, dessen Villa Trollhaugen nicht weit von der Stadt liegt. Alljährlich finden im Sommer Internationale Festspiele in Bergen statt, die vom König eröffnet werden.

Rechte Seite: Außen- und Innenansicht von Skaugum vor den Toren der Hauptstadt. König Olav V. vermachte den Besitz 1968 seinem Sohn Harald als Hochzeitsgeschenk.

Staatsrates – wie sein Vater in hochgeschlossener Uniform – teilgenommen. In politischen Kreisen galt er schon seit langem als ein gut vorbereiteter Nachfolger. Es ist anzunehmen, daß auch er sich, wenn die Gesundheit es erlaubt, an sein Wort von den Königen halten wird, die nicht mit 60 oder 65 in Pension gehen.
Harald ähnelt seinem Vater äußerlich so sehr, daß er auf manche Beobachter wie eine jüngere Ausgabe von Olav V. wirkt – auch das Haupthaar ist schon gelichtet. Am 21. Januar 1991 legte er in Galauniform mit Säbel vor dem Parlament den Amtseid ab. Bei dieser Zeremonie war erstmals seit langer Zeit auch der Stuhl der Monarchin besetzt. Seit dem Tod von Königin Maud im Jahre 1938 war er leer geblieben, da Olav den Thron als Witwer bestiegen hatte. Nach 53 Jah-

Unten: Schon am 2. Oktober 1990 mußte Kronprinz Harald für seinen erkrankten Vater einspringen und anstelle von König Olav im Storting die Thronrede zur Eröffnung der Parlamentssaison halten. Nach dem Tode seines Vaters im Januar 1991 konnte er ohne Schwierigkeiten die Amtspflichten übernehmen.

ren hat Norwegen jetzt mit Sonja, die eine Bürgerstochter ist, auch wieder eine Königin. Drei Jahre nach ihrer Heirat hatte Kronprinzessin Sonja ihr Examen in Kunstgeschichte bestanden, nur kurze Zeit bevor sie ihr erstes Kind Märtha Louise bekam. Dann widmete sie sich vielen sozialen Aufgaben. Am ersten Geburtstag ihrer Tochter gründete sie die Märtha Louise-Stiftung zur Unterstützung behinderter Kinder. 1974 und 1978 beteiligte sie sich mit viel Engagement an Kampagnen für die Flüchtlingshilfe und ging sogar selbst auf die Straßen, um Geld zu sammeln. Für ihre langjährige Arbeit für Flüchtlinge in aller Welt erhielt sie 1982 die Nansen-Medaille. Den dazugehörigen Scheck über 50000 Dollar reichte Sonja gleich weiter für die Errichtung von Schulen für Flüchtlingskinder in Tanzania.

Zwei Kinder hat das Königspaar: Nach Märtha Louise (1971) kam mit Haakon Magnus (1973) auch ein Sohn zur Welt. Daß wieder als erste eine Tochter geboren wurde, hat in der norwegischen Öffentlichkeit eine Diskussion darüber ausgelöst, ob man nicht mit einer Verfassungsänderung auch die weibliche Thronfolge ermöglichen sollte. Noch als Kronprinz war Harald durchaus dafür – mit einer Einschränkung: Die Änderung solle nicht mehr seine Kinder betreffen, weil er sie seit frühester Jugend auf ihre künftigen Rollen vorbereitet habe. «Das alles ist völlig in Ordnung, wenn man es sozusagen von Geburt an weiß. Aber später von dem einen zu der anderen zu wechseln, also einen Rollentausch vorzunehmen, halte ich für schwierig und eigentlich auch für unfair.»

Inzwischen hat das Parlament im Sinne der Gleichberechtigung entschieden, doch die neue Regelung gilt erst für Königstöchter, die nach 1990 geboren werden. Wie es also gegenwärtig aussieht, wird nach Harald V. der nächste König Norwegens Haakon VIII. heißen.

DAS HAUS SCHLESWIG-HOLSTEIN-SONDERBURG-GLÜCKSBURG

CHRISTIAN IX. ═ 1842 ═ Louise
Kg v. Dänemark 1863 · v. Hessen-Cassel
* 1818 † 1906 · * 1817 † 1898

♔ FREDERIK VIII. ═ 1869 ═ Louise
Kg v. Dänemark 1906
* 1843 † 1912
Louise: T. Carl XV., Kg v. Schweden-Norwegen
* 1851 † 1926

Edward VII. ═ 1863 ═ ALEXANDRA
Kg v. Großbrit.
* 1841 † 1910
ALEXANDRA: * 1844 † 1925

GEORG I.
Kg v. Griechenld.
* 1845 † 1913
⚭ 1867
Olga,
T. Konstantin,
GHzg v. Rußland
* 1851 † 1926

Alexander III. ═ 1866 ═ DAGMAR (MARIA)
Zar v. Rußland
* 1845 † 1894
DAGMAR (MARIA): * 1847 † 1928

THYRA
* 1853 † 1933
⚭ 1878
Ernst August II.
Kronpz v. Hannover
* 1845 † 1923

WALDEMAR ═ 1885 ═ Marie
* 1858 † 1939
Marie: T. Robert Hzg v. Chartres
* 1865 † 1909

CHRISTIAN X. ═ 1898 ═ Alexandrine
Kg v. Dänemark 1912
* 1870 † 1947
Alexandrine: T. Friedrich Franz III., GHzg v. Mecklenburg-Schwerin
* 1879 † 1952

♔ HAAKON VII. ═ 1896 ═ Maud
Kg v. Norwegen 1905
* 1872 † 1957
Maud: T. Edward VII., Kg v. Großbrit.
* 1869 † 1938

LOUISE
* 1875 † 1906
⚭ 1896
Friedrich, Pz zu Schaumburg-Lippe
* 1868 † 1945

HARALD ═ 1909 ═ Helen
* 1876 † 1949
Helen: T. Friedrich Ferdinand, Hzg v. Holst.-Sonderbg.-Glücksburg
* 1888 † 1926

INGEBORG
* 1878 † 1958
⚭ 1897
Carl, Hzg v. Västergötland
* 1861 † 1951

GUSTAV
* 1887 † 1944

Jörgen Castenskiold ═ 1922 ═ DAGMAR
* 1893
DAGMAR: * 1890 † 1961

♔ OLAV V. ═ 1929 ═ Märtha
Kg v. Norwegen 1957
* 1903 † 1991
Märtha: T. Carl, Hzg v. Västergötland
* 1901 † 1954

Erling Sven Lorentzen ═ 1953 ═ RAGNHILD
* 1923
RAGNHILD: * 1930

Johan Martin Ferner ═ 1961 ═ ASTRID
* 1927
ASTRID: * 1932

♔ HARALD ═ 1968 ═ Sonja Haraldsen
Kg v. Norwegen 1991
* 1937
Sonja Haraldsen: * 1937

MÄRTHA LOUISE
* 1971

HAAKON MAGNUS
Kronpz v. Norw.
* 1973

DÄNEMARK

Heute bildet Dänemark nur mehr die Landbrücke zwischen dem europäischen Festland und Skandinavien, aber darauf hat es sich in seiner Geschichte nicht immer beschränkt. Nach Süden machte es durch die Jahrhunderte seine Ansprüche bis vor die Tore von Hamburg geltend, und nach Norden erlangte die dänische Königin Margrethe I. 1937 auch die Herrschaft über Schweden und Norwegen. Schweden verließ die Union von Kalmar schon bald wieder, doch Norwegen blieb bis 1814 mit Dänemark vereint. Kulturell wurden die Dänen lange durch vielerlei Einflüsse aus dem Süden bestimmt, vor allem aus den Niederlanden, doch gewannen sie besonders im Zeitalter der Romantik und des Klassizismus immer mehr Eigenständigkeit. Der Theologe F. S. Grundtvig gründete 1844 die erste Volkshochschule in Europa, und die Nachwirkungen des Philosophen Sören Kierkegaard sind bis in die Existentialphilosophie erkennbar. Hinzu kommen Bildhauer wie Bertel Thorvaldsen, Architekten wie Christian Fredrik Hansen und Dichter wie Ludvig Holberg und Hans Christian Andersen, dessen Märchen in 35 Sprachen übersetzt wurden. Dänen waren auch Tycho Brahe, der als kaiserlicher Astronom am Hofe Rudolfs II. in Prag wirkte, und Niels Bohr, der wie Einstein, Rutherford und Hahn zu dem internationalen Kreis von Forschern gehörte, die das Geheimnis des Atoms entschlüsselten. Das sensible Form- und Farbgefühl der Dänen offenbart sich im traditionsreichen Kunstgewerbe und in dem modernen Design, das Freunde in aller Welt gefunden hat. Eine Reihe bekannter Künstler repräsentieren die bildende Kunst des Landes, für die Königin Margrethe II., seit sechs Jahrhunderten die erste Frau auf dem dänischen Thron, ein ganz besonderes Interesse zeigt.

Die abgebildete Krone wurde 1671 für Christian V. angefertigt. Sie befindet sich zusammen mit der Krone von Christian IV. (1596) und allen anderen dänischen Regalien in Schloß Rosenborg.

Eine offizielle Krönung findet in Dänemark nicht mehr statt. Margrethe II. wurde am 15. Januar 1972 von Ministerpräsident Jens Otto Krag zur Königin ausgerufen.

KÖNIGIN DER HUNDERT INSELN

«Wenn man ein Bild abgeschlossen hat, kommt es unter Glas – und das war es dann. Mein Leben wird erst nach meinem Tod unter Glas zu bewundern sein.» Die Frau, die so spricht, ist eine vielseitig begabte Malerin. Ihre Aquarelle und Ölgemälde waren bereits auf Ausstellungen in Dänemark und auch in Stockholm zu sehen, von ihrer Hand stammen Illustrationen zur mythologischen Märchenwelt des Buches «Der Herr der Ringe» von John Ronald Tolkien und Kostümentwürfe für eine Fernsehproduktion des Andersen-Märchens «Die Hirtin und der Schornsteinfeger». Außerdem zeichnete und bestickte sie Meßgewänder und Altardecken, und zu Weihnachten 1990 wurde in den Läden der dänischen Supermarktkette Brugsen für 17.50 Kronen ein Kalender verkauft, für den sie dreizehn Aquarelle gemalt hatte. Der Erlös kam rumänischen Kindern zugute. Kritiker sagen sicher nicht zu Unrecht über diese Künstlerin: «Wenn sie ihr Brot nicht in ihrem Hauptberuf als Königin verdienen würde, könnte sie es bestimmt als Malerin schaffen.»

JUGEND IN EINEM DREIMÄDERLHAUS

Das bevorzugte Motiv der Malerin Margrethe II. von Dänemark sind Landschaften. «Dänemark ist so reich an unterschiedlichen Landschaften», sagt sie. «Wenn ich an die Marschen an der Westküste denke oder an die Hügel in Jütland – und die Gegend am Limfjord ist überhaupt eine der schönsten Landschaften, die ich kenne. Außerdem sind auch das Licht und seine Wirkung so unterschiedlich.» Die Tolkien-Illustrationen ließ sie unter dem Pseudonym Ingahild Grathmer erscheinen. Vor einigen Jahren aber kam im Verlag Gyldendal der Roman «Alle Menschen sind sterblich» von Simone de Beauvoir auf dänisch heraus, übersetzt von einem oder einer H. M. Vejerbjerg. Niemand wußte, wer das war, bis sich herausstellte, daß sich hinter dem Namen eine Gemeinschaftsarbeit der Königin und ihres aus Frankreich stammenden Mannes verbarg.

Als Margrethe Alexandrine Torhildur Ingrid am 16. April 1940 zur Welt kam,

Linke Seite: König Christian IX. im Kreis seiner Familie. 1863 versuchte er, Schleswig mit Dänemark zu vereinen, und löste damit den Krieg von 1864 mit Preußen und Österreich aus. (Gemälde von Laurits Tuxen)

Oben links: Christian IX. war dänischer König von 1863 bis 1906.

Oben mitte: Frederik VIII. folgte 1906 seinem Vater Christian IX. Er überlebte ihn jedoch nur um sechs Jahre.

Oben rechts: Christian X., Sohn Frederiks VIII., König von 1912 bis 1947. Während der deutschen Besetzung im Zweiten Weltkrieg wurde er zu einer Symbolfigur des Widerstands.

Links: In die Zeit von Frederik IX., König von 1947 bis 1972, fiel die Verfassungsänderung, die auch die weibliche Thronfolge ermöglicht.

Rechts: Königin Margrethe II.

konnte niemand ahnen, daß sie einmal Dänemarks Königin sein würde, denn im Grundgesetz war nur die männliche Thronfolge vorgesehen. Ihren Eltern, dem damaligen Kronprinzenpaar, wurden dann noch zwei weitere Töchter geboren, Prinzessin Benedikte (1944) und Prinzessin Anna-Marie (1946). Und so wuchs Margrethe in einem «Dreimäderlhaus» auf. 1947 starb ihr Großvater Christian X., ihr Vater bestieg als Frederik IX. den Thron, und in demselben Jahr wurde sie in die renommierte Zahle Skole am Noerreport eingeschult. 1953 – Margrethe war gerade 13 – schlugen Regierung und Parlament eine Reihe wichtiger Änderungen im Grund- und im Thronfolgegesetz vor. Eine der Änderungen: Künftig sollte auch die weibliche Thronfolge zugelassen sein. In einem Volksentscheid waren die Dänen damit mehrheitlich einverstanden.

Wie es aussieht, haben die Dänen das bisher nicht bereut. «Sie ist so wie wir auch», sagen sie und meinen damit, daß ihre Königin sich so «normal» verhält wie ihre Landeskinder und durchaus auch Ecken und Kanten hat und aus ihrem Herzen keine Mördergrube macht, wenn sie sich etwa freimütig über Fremdenfeindlichkeit und Intoleranz äußert. Dem König dagegen soll diese Entscheidung damals einiges Kopfzerbrechen bereitet haben, weil er wußte, welche Belastung diese Stellung für seine Tochter bedeutete. Aber das Volk wollte es so – blieb also nur, die frischgebackene Thronfolgerin auf ihre späteren Aufga-

Links: Frederik IX. und Königin Ingrid bei der Taufe ihrer Tochter. Margrethe war am 16. April 1940, eine Woche nach dem deutschen Einmarsch, in Schloß Amalienborg zur Welt gekommen.

Margrethe mit ihrem Vater Frederik IX. und als Studentin. Als sie 13 war, wurde die dänische Verfassung so geändert, daß nunmehr das jeweils erstgeborene Kind die Thronfolge antritt.

ben vorzubereiten. Nach einem Internatsjahr in England und dem neusprachlichen Abitur, begann sie 1960 ein breit angelegtes Studium in Kopenhagen und Aarhus, in Cambridge und an der Sorbonne. Zu ihren Fächern gehörten Philosophie, Verfassungs- und Verwaltungsrecht, Sozialpolitik und Gesellschaftswissenschaft und daneben aus Neigung Archäologie.

Als der Horizont in Flammen stand

1965 führte ihr Studienweg die Thronfolgerin an die London School of Economics – und in London passierte es. Bei einem Dinner lernte sie den französischen Botschaftssekretär kennen, Graf Henri de Laborde de Monpezat. Man begegnete sich noch ein paarmal bei Tischgesellschaften, aber richtig ernst wurde es, als sich die beiden nach der Hochzeit von gemeinsamen Freunden in Schottland näherkamen. Wie ein Blitz hatte es eingeschlagen – «Der Horizont stand in Flammen», erinnert sich Margrethe.

Im Jahr darauf verlobten sie sich, und 1967 wurde auf Schloß Fredensborg ausgiebig Hochzeit gefeiert. Die Königin denkt gern daran: «Obgleich das ganze natürlich ein Riesenereignis war, han-

Unten: Mit 18 Jahren wurde Margrethe Mitglied des Staatsrats. An der Seite ihrer Eltern nahm sie zum ersten Mal an einer Sitzung des Folketing, des dänischen Parlaments, teil.

Rechts: Margrethe wuchs mit ihren Schwestern Benedikte und Anna Marie in einem «Dreimäderlhaus» auf.

delte es sich im Kern um eine typisch dänische Nachmittags- und Abendhochzeit mit Gottesdienst, Abendessen zu Hause, und danach gab es einen Ball für so viele Gäste, wie das Haus aufnehmen konnte – und wir haben ein großes Haus. Eines wollte ich unbedingt: in meinem Hochzeitskleid die Quadrille tanzen. Davon hatte ich schon jahrelang geträumt.»

Margrethe hatte ihr Hochzeitskleid mit Vorbedacht so anfertigen lassen, daß die lange Schleppe zum Tanzen abgenommen werden konnte – und so tanzte sie in der großen Halle von Fredensborg die Quadrille mit dem Bräutigam, der dazu

eigens Tanzstunden genommen hatte. Graf Henri, in einem Jesuiten-Internat katholisch erzogen, mußte auch noch manches andere lernen. Von Haus aus war er an Asien interessiert, seit er Kinderjahre in Vietnam verbracht und das Land auch später gelegentlich besucht hatte. An der Sorbonne hatte er sogar Prüfungen in Chinesisch und Vietnamesisch abgelegt und danach in der Asien-Abteilung des Außenministeriums gearbeitet. Doch als Gemahl der Kronprinzessin mußte er jetzt Dänisch lernen, zur dänischen protestantischen Volkskirche übertreten, die Nationalität wechseln und schließlich auch den Namen ändern: aus Graf Henri wurde Prinz Henrik. Die erste Zeit war nicht gerade leicht für ihn. Die Presse mokierte sich über seinen Akzent, und besonders progressive Dänen bemängelten seine offenherzigen Äußerungen über Übertreibungen der Frauenbewegung und die Vorteile einer nicht allzu freien Kindererziehung. Einer aber freute sich von Anfang an, als der Prinz in Schloß Amalienborg einzog: das war der König. Hatte er bisher nur Töchter um sich gehabt, so stand ihm

Unten: Margrethe nach ihren Studienjahren in Kopenhagen und Aarhus, Cambridge und an der Sorbonne.

Unten: Auf einer Pressekonferenz in Schloß Fredensborg gab Margrethe 1966 ihre Verlobung mit dem französischen Diplomaten Graf Henri de Laborde de Monpezat bekannt.

Rechte Seite: Am 10. Juni 1967 fand in der Holmens Kirke in Kopenhagen die feierliche Trauung statt. Aus dem französischen Grafen Henri war inzwischen der dänische Prinz Henrik geworden.

nun ein Schwiegersohn zur Seite, in dem er außerdem noch einen Musikfreund fand. Frederik IX. war ein guter Dirigent, und Prinz Henrik ist ein begabter Pianist.
Fast genau ein Jahr nach der Hochzeit kam der erste Sohn zur Welt, wiederum ein Jahr darauf der zweite. Sie erhielten die Namen Frederik und Joachim. Ihr französischer Vater gewann viele dänische Herzen, als er mit den Söhnen in den alten Vergnügungspark Dyrehavsbakken ging und mit ihnen Karussell und Achterbahn fuhr. Die Schausteller verliehen ihm sogar ihren Ehrenpreis. Inzwischen hat sich auch die Öffentlichkeit mit dem Ausländer im Schloß versöhnt, zumal er sich mit seinen Äußerungen etwas mehr zurückhält, seit seine Frau 1972, nach dem Tod Frederiks IX., die Königswürde übernahm. «Ein Prinzgemahl muß so feinfühlig sein wie ein Seismograph», sagt er gern, «und gleichzeitig eine Haut haben wie ein Nashorn.»

Margrethe und Henrik hatten sich während ihrer Studienzeit in England kennengelernt. «Der Horizont stand in Flammen», erinnerte sich die Königin später.

Eine tatkräftige Mutter

Wie die Königin von England die zweite Elizabeth auf dem Thron ist – nach Elizabeth I., die vierhundert Jahre vor ihr regierte – so ging Margrethe II. eine gleichnamige Herrscherin vor sechs Jahrhunderten voraus. Dabei war Margrethe I. offiziell niemals Königin von Dänemark. Sie war die jüngste Tochter von Waldemar IV. Atterdag und mit dem König von Norwegen vermählt. Nachdem Waldemar 1375 ohne männlichen Erben gestorben war, wählte der Staatsrat ihren Sohn Olaf, Waldemars Enkel, zum König. Allerdings war der neue König erst fünf Jahre alt – und so übernahm seine tatkräftige Mutter die Regentschaft. Nach dem Tode seines Vaters im Jahre 1380 wurde Olaf, der inzwischen 10 Jahre alt war, auch König von Norwegen, und es war nur folgerichtig, daß seine Mutter nun ebenfalls in Norwegen regierte. Dabei blieb es auch, als Olaf im jugendlichen Alter von

Unten: Bereits im Mai 1968 wurde der erste Sohn geboren. Der Kronprinz erhielt, wie es die Tradition verlangte, den Namen Frederik.

Ganz unten: Margrethe II. ist eine vielseitig begabte Künstlerin. Wenn sie ihr Brot nicht als Königin verdienen würde, sagen Kritiker, könnte sie es bestimmt als Malerin schaffen.

Unten und rechte Seite: Eine glückliche Familie – Mutter Margrethe und Vater Henrik mit ihren beiden Söhnen. Der Ältere wird einmal als Frederik X. die Nachfolge seiner Mutter antreten. Sein jüngerer Bruder Joachim möchte gerne Landwirt werden.

17 Jahren starb und die Regentschaft sich eigentlich erledigt hatte. Margrethe fand einen neuen Thronfolger in Erich von Pommern, einem Enkel ihrer ältesten Schwester, der gerade sechs Jahre alt geworden war und ihrer weiteren Herrschaft nicht im Wege stand.

Mit großem diplomatischem Geschick brachte sie auch Schweden unter ihre Botmäßigkeit: 1397 schlossen sich die drei nordischen Länder in der Union von Kalmar zusammen. Gleichzeitig führte sie den schon lange dauernden Streit mit der Hanse um die Vorherrschaft in der Ostsee und die Schiffszölle am Sund weiter und ebenso die Auseinandersetzung um die Provinz Süd-Jütland, die sich bis ins 19. Jahrhundert durch die ganze dänische Geschichte ziehen sollte. Denn diese Provinz betrachteten die Dänen als angestammten Heimatboden, seit ihre Vorfahren im Jahre 1000 die Stadt Slesvig gegründet hatten, die zeitweise sogar die größte Stadt Dänemarks war.

In einem Konflikt mit den Grafen von Holstein kam es 1412 zum offenen Kampf um die Stadt Flensburg. Nachdem die Dänen, geführt von Thronfolger Erich, gesiegt hatten, zog Margrethe feierlich in Flensburg ein, doch dann wurde sie Opfer der Pest, die in der Stadt um sich gegriffen hatte, und starb auf einem Schiff in der Flensburger Förde, eben 59 Jahre alt. Bis heute gilt sie als

Unten: Die Königin am Schreibtisch. In den Sommermonaten verlegt sie ihre Residenz von Kopenhagen in den idyllischen Landsitz Fredensborg.

Unten: Wenn wichtige Staatsgäste aus fernen Ländern kommen, beteiligt sich Kronprinz Frederik an den Repräsentationspflichten von Mutter und Vater.

Ganz unten: Mit einem fröhlichen Lachen – so kennen und lieben die Dänen ihre Königin.

einer der größten «Staatsmänner», die das Land hervorgebracht hat. In dänischen Geschichtsbüchern wird sie ganz selbstverständlich «Königin Margrethe I.» genannt, obwohl sie niemals Königin von Dänemark war.

Der Geliebte der Königin

Als schon wenige Jahrzehnte nach Margrethes Tod das Königsgeschlecht ausstarb, kam mit Christian I. das deutsche Haus Oldenburg auf den dänischen Thron. Mit Ausnahme eines Königs namens Hans folgte bei den Oldenburgern stets ein Frederik auf einen Christian und ein Christian auf einen Frederik – und das blieb auch so, als sie 1863 von der verwandten und verschwägerten Dynastie der Glücksburger abgelöst wurden. Erst Margrethe II., Tochter von

Frederik IX. und Enkelin von Christian X., durchbricht jetzt diese Tradition, die erste Frau an der Spitze des Landes seit 600 Jahren. Der Kronprinz aber heißt selbstverständlich wieder Frederik.

Die Herkunft des Königshauses, vor allem aber die enge, wenn auch immer wieder umstrittene Verbindung mit Schleswig-Holstein führten dazu, daß in der Verwaltung, am Hof und auf hohen und höchsten Ministerposten zahlreiche Deutsche anzutreffen waren. Im 18. Jahrhundert wurde die dänische Politik vornehmlich von Männern gemacht, die Moltke und Schimmelmann, Reventlow und Struensee, Johann Hartwig und Andreas Peter von Bernstorff hießen. Wie man am Hofe von Potsdam französisch sprach, so sprach man am

Unten: Im Juni 1989 besuchte Papst Johannes Paul II. die Königin in Fredensborg.

Unten rechts: 1989 besuchte die Königin in warmer Landeskleidung auch wieder einmal Grönland – die größte Insel der Welt.

Ganz unten: Die Yacht «Danebrog» ist eine Art «schwimmendes Schloß», denn oft ist Margrethe II. unterwegs zu einer der 100 bewohnten Inseln, die ihr Königreich bilden.

Hofe von Kopenhagen deutsch. Die intellektuelle Zuwanderung aus dem Süden brachte den Geist der Aufklärung schon sehr frühzeitig nach Dänemark. Die deutschen Minister setzten sich für die Befreiung der Bauern, die Aufhebung der Leibeigenschaft und eine liberale Handhabung der Zensur ein. Durch sie waren in Dänemark manche Forderungen der Französischen Revolution schon vor 1789 verwirklicht, und der Presse im damals dänischen Altona sagte man nach, daß sie freier sei als die Zeitungen im benachbarten Hamburg.
Als ein Schrittmacher der aufgeklärten Monarchie erwies sich auch Johann Friedrich Struensee, gebürtig aus Halle, der 1769 als Leibarzt des geistesschwachen Königs Christian VII. nach Kopenhagen kam. Struensee hatte einen so

Prinz Henrik ist ein begabter Pianist, und auch Königin Margrethe liebt Musik. So sieht man das Paar öfter in der Königsloge des Kopenhagener Opernhauses (unten) oder bei Konzerten, zu denen sie nach Schloß Amalienborg bitten (rechte Seite).

starken Einfluß auf den König, daß er 1770 die politische Gewalt in Dänemark übernehmen konnte und in kurzer Zeit rund 2000 Dekrete zur Reform der Verwaltung und zur Hebung der bürgerlichen Freiheiten erließ. Daneben kümmerte er sich intensiv auch um Königin Caroline Mathilde, die sich im zarten Alter von 18 Jahren in einer Ehe mit einem Geisteskranken gefangen sah. Schon bald bezog er eine Wohnung im Schloß mit direktem Zugang zu den Gemächern der Königin. Doch bereits nach 16 Monaten hatte er sich durch seinen Reformdrang bei Hofe und im Adel soviele Feinde gemacht, daß die Stiefmutter des Königs eine Palastrevolution gegen ihn anzetteln konnte. Struensee kam in den Kerker und vor Gericht. Da ihm keine Verfehlungen nachzuweisen waren, legte man sein Liebesverhältnis zur Königin als Majestätsbeleidigung aus und verurteilte ihn zum Tod durch öffentliche Hinrichtung. Die unglückliche Caroline Mathilde wurde aus Dänemark verbannt und starb drei Jahre später im Schloß von Celle.

Königlicher Dank in vier Worten

1864 fand die letzte kriegerische Auseinandersetzung um das Herzogtum Schleswig statt, das die Dänen immer noch als ihre Domäne betrachteten, obwohl südlich von Flensburg schon seit langer Zeit mehrheitlich deutsch gesprochen wurde und selbst auf dem Land das Dänische immer mehr zurückging. Im Verlauf eines erneut aufgeflammten Streites um das Herzogtum wurde ein dänisches Heer auf den Düppeler Schanzen nördlich von Flensburg von den mit Österreich verbündeten Preußen vernichtend geschlagen. Im Frieden von Wien mußte Dänemark auf alle Ansprüche auf Schleswig-Holstein verzichten. Nur den nördlichsten Landesteil mit Tondern, Apenrade und Hadersleben gewann es 1920 nach einer im Versailler Vertrag verfügten Volksabstimmung zurück.

Als der Zweite Weltkrieg ausbrach, hatten die Dänen nur den einen Wunsch: Sie wollten wie im Ersten Weltkrieg neutral bleiben. Doch in den frühen Morgenstunden des 9. April 1940 marschierte die deutsche Wehrmacht in Dänemark ein. Ein Ultimatum aus Berlin forderte, jeden Widerstand sofort einzustellen. Angesichts der überwältigenden Übermacht der Invasionstruppen hatten König und Regierung keine andere Wahl, als unter Protest zu kapitulieren und dafür die Zusage einzuhandeln, daß Deutschland die politische Selbständigkeit des Landes respektieren würde. Anders als in Norwegen, dem eigentlichen Ziel des deutschen Überfalls, blieben König Christian X. und seine Familie in Dänemark. Eine Woche nach dem Einmarsch wurde Margrethe als erstes Kind des Kronprinzenpaares geboren.

Die Regierung setzte auf die sogenannte «Verhandlungspolitik» und konnte in den ersten Jahren tatsächlich wie eine Art Schutzschirm zwischen Besatzungsmacht und Bevölkerung wirken. Deutsche Übergriffe zogen sofort dänische Beschwerden nach sich, deutsche Forderungen dagegen gerieten in den Treibsand langwieriger Verhandlungen. In der Bevölkerung wuchs währenddessen der passive Widerstand. An jedem 9. April protestierten die Menschen mit einer

Linke Seite: Wenn sie in Kopenhagen ist, residiert die Königin in Schloß Amalienborg. Es wurde Ende des 18. Jahrhunderts zum dreihundertjährigen Jubiläum der Dynastie Oldenburg an einem achteckigen Platz außerhalb der Altstadt errichtet.

Oben: Einer der prunkvollen Säle im Schloß Amalienborg.

Verkehrsstille von zwei Minuten gegen die Besetzung, und fast jeden Tag ritt Christian X. demonstrativ ohne Schutz und Begleitung aus und wurde als ein Symbol des Widerstands von seinen Landeskindern jubelnd begrüßt. Zu seinem 72. Geburtstag im September 1942 schickte Hitler ihm ein 165 Worte langes Glückwunschtelegramm. Des Königs Antwort bestand aus ganzen vier Wörtern: «Übermittle meinen besten Dank.» Es wird berichtet, daß Hitler vor Wut schäumte.

Zum Frieden gab es Zitronenbrause

Margrethe war gerade fünf geworden und lag in Schloß Amalienborg bereits im Bett, als sie draußen Jubelrufe hörte. «Das ist aber merkwürdig, dachte ich, Großvaters Geburtstag ist doch nicht im Frühling», so erzählt sie selbst. «Ich hörte, wie mein Kindermädchen und das Mädchen meiner Mutter im Spielzimmer miteinander sprachen, und schlich mich hinüber. Ich erwartete, daß sie mich gleich zurück ins Bett schicken würden, aber statt dessen nahmen sie mich auf und herzten mich, und mein Vater kam herein und sagte: Es ist Friede. Dann trugen sie mich hinunter und gaben mir Zitronenbrause. Und ich hatte nicht die geringste Ahnung, was das war – Friede. Auf alle Fälle etwas, bei dem ich mitten in der Nacht aufstehen durfte und die Erwachsenen so glücklich waren.»

Nach vielen Friedensjahren sind inzwischen ihre beiden Söhne schon viel älter, als sie es damals im Mai 1945 war. Kronprinz Frederik (1968) bereitete sich durch das Studium von Jura, Politik und Wirtschaft auf seine späteren Aufgaben vor. Prinz Joachim (1969) hat nach seinem Abitur auf einer Farm in Australien gearbeitet und bildet sich als Landwirt aus, weil er später das Gut Schackenborg in Nordschleswig erben wird. Wie es sich offenbar auch heute noch für

Unten: Im April verlegt Königin Margrethe ihre Residenz vor die Tore der Hauptstadt in das in einem weitläufigen Park gelegene Fredensborg. Das Schloß wurde zu Anfang des 18. Jahrhunderts von Frederik IV. errichtet.

Rechts: Eine Zimmerflucht in Schloß Fredensborg.

Prinzen in allen europäischen Königshäusern gehört, haben beide Söhne eine militärische Ausbildung erhalten und sind Reserveoffiziere. Frederik übernimmt zunehmend auch schon Repräsentationspflichten. Er freut sich auf seine künftige Rolle und beneidet seinen Bruder keineswegs: «Der muß sein Leben lang das Land umgraben – ich glaube nicht, daß ich ihm das streitig machen werde.»

Die Familie ist also nicht mehr vollständig, wenn sie im Sommer Urlaub macht. Königin Margrethe und ihr Mann fahren dazu regelmäßig in die Heimat des Prinzen in der Gegend von Cahors im Weinanbaugebiet von Bordeaux. Dort sind die Eltern des Prinzen und auch ein Bruder zu Hause, und in dieser vertrauten Umgebung hat das Königspaar in Schloß Caix ein idyllisch gelegenes Feriendomizil gefunden. Mit dem Schloß erwarben sie zugleich ein Weingut, so daß unter den gekrönten Häuptern Europas ausgerechnet das dänische Königshaus über seine eigene Weinmarke verfügt: «Château de Caix – Vin du Prince de Danmark». Weil das Gut immerhin 11,5 Hektar Anbaufläche umfaßt, geht die Produktion weit über den Eigenbedarf von Familie und Hof hinaus. Wichtigstes Importland für den «Schloß Caix», versteht sich, ist Dänemark.

Die Königin genießt es, wenigstens in Frankreich für einige Wochen höfische Etikette und Protokoll vergessen zu können. Während ihr Mann alte Freunde und Verwandte wiedersieht, bummelt sie durch Boutiquen und Geschäfte und kauft auf dem Markt ihr Gemüse ein, denn in Caix steht sie auch gern selbst am Herd.

Ein Gästebuch aus Glas

Offizieller Wohnsitz der Königin in Kopenhagen ist Amalienborg, nicht weit vom Hafen an einem achteckigen Platz. Das Viertel, in dem das Schloß liegt, wurde Ende des 18. Jahrhunderts außerhalb der Altstadt errichtet, um das dreihundertjährige Jubiläum der Dynastie Oldenburg würdig zu begehen. Außer dem Schloß baute das Königshaus auch eine neue Domkirche. Adel und Kaufmannsschaft ließen sich in den benachbarten Straßen nieder. Wenn bei einem Staatsbesuch die Leibgarden in roten Röcken und mit Bärenfellmützen auf dem Schloßplatz aufmarschieren, könnte man sich an das englische Königshaus erinnert fühlen. Doch den Buckingham Palast schützen hohe Mauern und schmiedeeiserne Tore, während sich Amalienborg weniger auffällig in die Umgebung einfügt. Wie auch sonst ist die Distanz zwischen Mitgliedern der königlichen Familie und Volk geringer.

Anfang April verlegt Königin Margrethe ihre Residenz ins 30 Kilometer entfernte

Unten: Den Urlaub verbringt die Königin meist in der Heimat ihres Mannes Prinz Henrik. Im Weinanbaugebiet von Bordeaux erwarben sie Schloß Caix, zu dem auch ein Weingut gehört.

Fredensborg, einem idyllischen Landsitz mit schönen Park- und Gartenanlagen, ebenfalls im 18. Jahrhundert erbaut. Die privaten Räume mit Fernsehzimmer, Bibliothek und Arbeitszimmer des Prinzen vermitteln eher den Eindruck eines großzügigen Gutshauses als eines Palastes. Die repräsentativen Räume des Schlosses liegen auf der Parkseite: Der sogenannte Gartensaal, in dem nach dem Essen der Kaffee eingenommen wird, der rote und der gelbe Salon und das Arbeitszimmer der Königin. An den Wänden die Bilder einer langen Ahnenreihe und auf dem Schreibtisch ein Photo, das ihren Mann, die beiden Söhne und den königlichen Dackel zeigt.

Wer aus den Fenstern des Schlosses blickt, entdeckt hier und da merkwürdige Kratzspuren im Glas, die sich bei näherem Hinsehen als Schriftzüge entpuppen. Es ist seit alters her Brauch in Fredensborg, daß sich Gäste mit einem Diamantstift auf den Fensterscheiben verewigen dürfen. Die Namenszüge der letzten Zarenfamilie und von Kaiser Wilhelm II. finden sich dort und aus neuerer Zeit unter vielen anderen die Signaturen der englischen Königin, von Winston Churchill und von Bundespräsident von Weizsäcker. Denn in Schloß Fredensborg empfängt die Königin in den Sommermonaten auch Staatsbesuche, und in der Großen Halle, in der sie am Abend ihrer Hochzeit die Quadrille getanzt hat, finden dann die festlichen Bankette statt.

Außer Amalienborg und Fredensborg gibt es noch eine Art «schwimmendes Schloß». Denn Dänemark ist ein Inselreich – nur Jütland liegt auf dem Festland, sonst besteht das Land aus 406 Inseln, von denen ungefähr einhundert bewohnt sind. Dazu gehören auch die im nördlichen Atlantik gelegene Inselgruppe der Faröer und der Welt größte Insel Grönland. Beide sind heute autonome Regionen, aber als ihr Staatsoberhaupt

Unten: Die lange Reihe der dänischen Könige mit dem Namen Christian begann 1448 mit Christian I., dem ersten König aus dem Hause Oldenburg in Dänemark. Das Gemälde, das ihn mit seiner Frau Dorothea von Brandenburg zeigt, wurde anläßlich seines Todes 1481 in Auftrag gegeben.

erkennen sie nach wie vor die Königin von Dänemark an. So ist Margrethe II. häufig in ihrem Reich der hundert Inseln unterwegs und benutzt dazu gern die 1931 in Dienst gestellte königliche Yacht «Danebrog». Die Yacht bietet ihr während der Reise eine angenehme Herberge, denn sie verfügt über Küche und Gesellschaftsräume, so daß die Königin überall Gastgeberin in ihren eigenen vier Wänden sein kann.

Nicht nur eine Zuschauerin

Wie in allen Monarchien Europas ist der politische Einfluß der Krone auch in Dänemark durch das Grundgesetz von 1849 erheblich gestutzt worden. Nach dem Verfassungstext liegt die legislative Gewalt bei König und Parlament, die exekutive Gewalt beim König. In der Praxis verabschiedet das Parlament die Gesetze, die aber von der Königin unterschrieben werden müssen, bevor sie in Kraft treten können. Die exekutive Gewalt delegiert die Königin an die Mitglieder der Regierung, die sich vor dem Parlament zu verantworten haben. Der Premierminister und der Außenamtschef unterrichten sie regelmäßig über die laufenden Regierungsgeschäfte.

Auch als konstitutionelle Monarchin spielt Margrethe II. auf der politischen Bühne ihres Landes keineswegs nur eine Zuschauerrolle. So nutzt sie zum Beispiel ihre Neujahrsansprachen in Rundfunk und Fernsehen, um ihre persönliche Meinung zum Ausdruck zu bringen. Sie scheut sich dann auch nicht, kontroverse Themen aufzugreifen wie das Demokratieverständnis, Umweltfragen, Technologie, Emanzipation. Vieles, was sie sagt, ist unbequem und löst Diskussionen aus. Besonderes Aufsehen erregte sie, als sie sich einmal sehr massiv für die Asylanten einsetzte, die in Dänemark Zuflucht gefunden haben, und ihre Landsleute vor Engherzigkeit warnte. Aber auch ihre Neujahrsansprachen hält sie nicht ohne die Zustimmung der Regierung.

«Vielleicht brauchen die Menschen in dieser Zeit so etwas wie einen Orientierungspunkt», sagte sie einmal in nachdenklicher Stimmung. «Und weil die Monarchie außerhalb der Politik der Parteien steht, kann man sich möglicherweise leichter an einem Königshaus orientieren als an einem Präsidenten, der fünf oder sieben Jahre im Amt sein mag. Und bei dem Präsidenten kommt hinzu, daß es immer irgend jemanden gegeben hat, der gegen ihn gestimmt hat, selbst wenn er mit einer überwältigenden Mehrheit gewählt worden ist.»

DAS HAUS SCHLESWIG-HOLSTEIN-SONDERBURG-GLÜCKSBURG

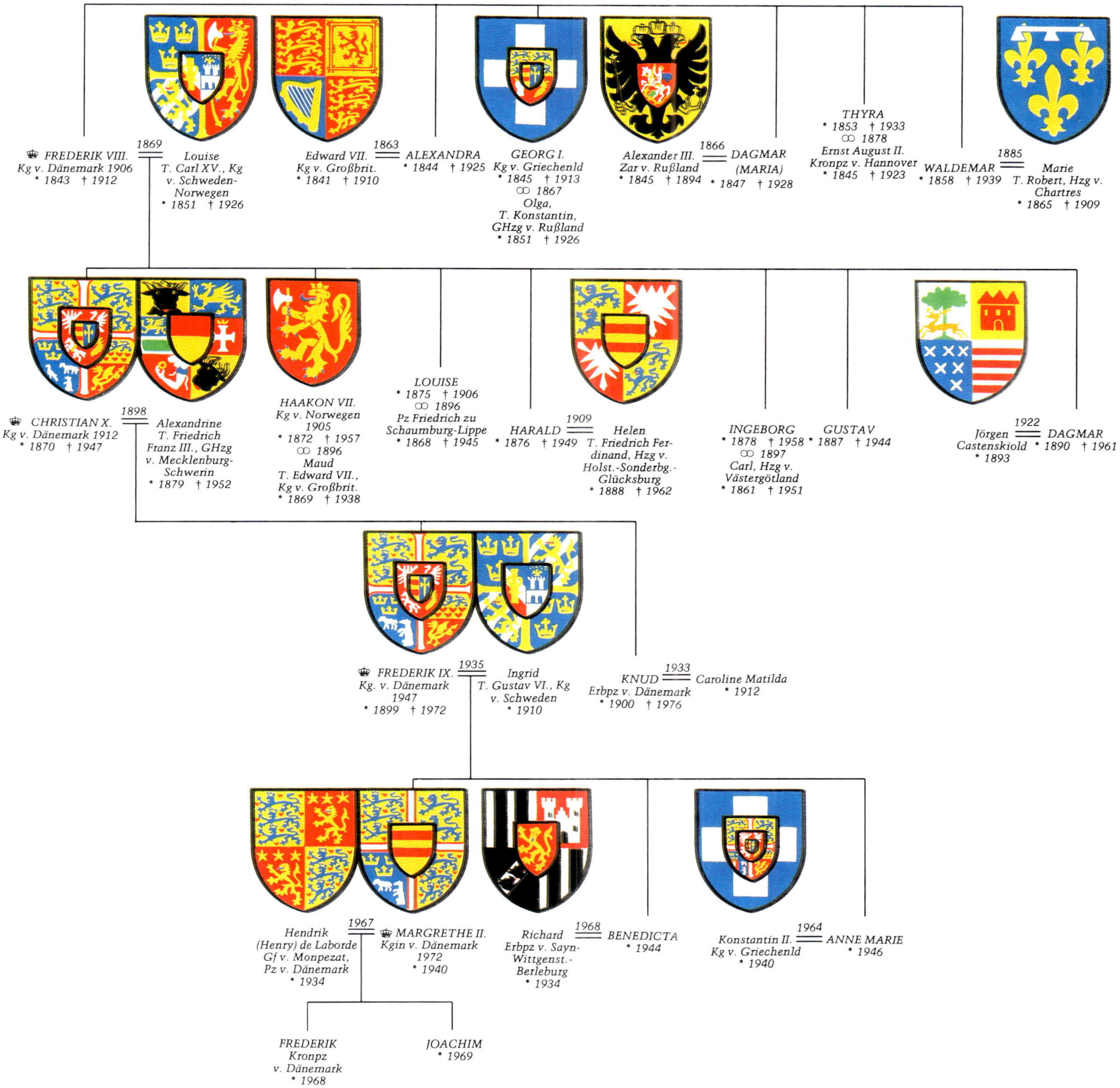

ENGLAND

Nach dem mittelalterlichen Schloß Windsor heißt die Dynastie des Vereinigten Königreiches von Großbritannien und Nord-Irland erst seit dem Ersten Weltkrieg, als Georg V. etwaiger patriotischer Verärgerung über die deutsche Herkunft des Königshauses vorbeugen wollte. Dabei lag es schon zwei Jahrhunderte zurück, daß Georg I. aus Hannover nach London gekommen war. Die Nachkommen dachten und fühlten schon lange englisch und führten altehrwürdige Traditionen auch aus den Zeiten der Tudors und Stuarts fort. Früher als in anderen Königreichen hat in England die Entwicklung zur konstitutionellen Monarchie begonnen. Schon im 13. Jahrhundert setzte das Inselvolk königlichem Gottesgnadentum und Willkür mit der «Magna Charta» das wichtigste Grundgesetz Englands und das erste Parlament entgegen. Auf den Weltmeeren erschienen die Engländer erst nach den Spaniern und Portugiesen, doch war ihr Empire dann größer und mächtiger, ein Abglanz lebt noch heute im Commonwealth of Nations fort. Im 18. Jahrhundert leitete England die erste industrielle Revolution ein. Sie stand im Zeichen eines wirtschaftlichen Liberalismus, den Staats- und Wirtschaftstheoretiker von John Locke und Adam Smith bis John Maynard Keynes begründet und fortentwickelt haben. Auch in anderen Bereichen haben Geist und Kultur der Insel zum Kontinent hinübergewirkt, vor allem mit einer überaus reichen dramatischen und epischen Literatur. So fortschrittlich die Engländer in ihrer Geschichte oft gewesen sind, so beharrlich halten sie andererseits an überkommenen Traditionen fest. Diese Beharrlichkeit bekundet auch Königin Elizabeth II. In der Bewahrung glanzvoller royalistischer Formen und Zeremonien kann sich kein anderer europäischer Hof mit dem Hause Windsor messen.

Eine von mehreren Kronen des britischen Königreichs ist die St.-Edwards-Krone, die um 1660 für Charles II. angefertigt wurde. Die Krone wiegt fünfeinhalb Pfund und wird nur einmal, zur Krönung, getragen.

EIN KÖNIGSHAUS WIE KEIN ANDERES

Jedes Jahr im November kommt der Tag, an dem Ihre Majestät die neue Sitzungsperiode des britischen Parlaments eröffnet – und wie es kein anderes europäisches Königshaus versteht, entfaltet Royalty dann den aus jahrhundertelanger Tradition überkommenen Glanz, der jedes Filmspektakel in den Schatten stellt. Erst werden in einer eigens dafür vorgesehenen Kutsche die äußeren Zeichen der Königswürde in feierlicher Prozession vom Buckingham Palast zum Sitz des Parlaments im Palast von Westminster geleitet – Krone, Staatsschwert und die rote mit Hermelin gefütterte Samtmütze. Es folgt die berittene Eskorte der Königin und schließlich erscheint sie selbst, begleitet von Prinz Philip. Ihre prunkvolle Kutsche ist bemannt von Stallmeistern und Lakaien in roten Uniformröcken mit goldenen Tressen und weißen Spitzenjabots, mit schwarzen Kappen und roten Kniehosen. Der Zuschauer wird unwillkürlich an mittelalterliche Machtfülle erinnert, so als ob der Souverän die Geschicke des Landes noch selber lenkte. Aber dieser erste Eindruck trügt.

SCHWARZER PRINZ UND STERN VON AFRIKA

Bevor sie das Oberhaus betritt, setzt sich die Königin die kostbare Krone auf. Es ist die sogenannte «Imperial State Crown», besetzt mit einem «Stern von Afrika», einem Diamanten von 317 Karat, mit dem Rubin «Black Prince», mit Smaragden, Saphiren, Perlen und 2783 Diamanten. Angefertigt wurde das kostbar glitzernde Werk der Juwelierkunst 1838 für Königin Victoria. Sie ist so schwer, daß Königin Elizabeth sie früher im Buckingham Palast für ein paar Stunden zur Probe trug, bevor sie zur Parlamentseröffnung fuhr. Manchmal hat man das Gefühl, daß sie kaum den Kopf zu wenden wagt, wenn sie unter der Last der Krone in das Parlament schreitet.
All dieser Glanz darf nicht darüber hinwegtäuschen, daß es das Oberhaus ist,

Oben: König Heinrich VIII. auf dem Wege nach Frankreich. In die Geschichte ist er als der König eingegangen, der zwei seiner sechs Frauen auf das Schafott schickte. Gemälde von Friedrich Bouterwek, 1806 – 1867.

Rechte Seite: Königin Elizabeth I., Tochter Heinrichs VIII. aus dessen zweiter Ehe. Nach ihr ist ein ganzes Zeitalter benannt.

Rechts: Königin Victoria, die «Großmutter Europas». Sie schenkte ihrem Mann, dem deutschen Prinzen Albert von Sachsen-Coburg Gotha, 9 Kinder. 1877 wurde sie in Delhi zur Kaiserin von Indien proklamiert, obgleich sie den Subkontinent nie betreten hat.

das Haus der Lords und Peers, in das die Königin einzieht. Das eigentliche Parlament, das Unterhaus, erwartet sie nicht ehrerbietig, sondern will erst gebeten werden. Zu diesem Zweck schreitet der Zeremonienmeister des Oberhauses, «Black Rod» genannt und ganz in Schwarz gekleidet, durch eine lange Galerie zum Unterhaus hinüber, dessen Tür ihm vor der Nase zugeschlagen wird. Diese traditionelle Geste versinnbildlicht jedesmal wieder die vor Jahrhunderten langwierig erstrittene Unabhängigkeit des Parlaments von Adel und Krone. Dreimal muß «Black Rod» anklopfen, bevor ihm geöffnet wird und er Mr. Speaker, dem Parlamentspräsidenten mit weißer Perücke, und den Abgeordneten kundtun darf, daß Ihre Majestät sie zu sehen wünscht. Dann erst ziehen die Mitglieder des Unterhauses, Premierminister und Oppositionsführer voran, zum Oberhaus hinüber.

Sobald die Abgeordneten ihre Stehplätze eingenommen haben, überreicht der Lord Chancellor, Parlamentspräsident des Oberhauses, der Königin die Thronrede. Was sie dann verliest, hat sie jedoch nicht selbst geschrieben – der Text stammt vom jeweiligen Premierminister oder der Premierministerin. In der Thronrede der Königin umreißt die Regierung die Grundsätze ihrer Politik und die geplanten Gesetzesinitiativen für die neue Sitzungsperiode. Die Königin ist also Sprachrohr der Regierung, und hierin kommen die tatsächlichen Machtverhältnisse zum Ausdruck. Denn nicht die Königin lenkt die Geschicke des Landes, sondern Ihrer Majestät Regierung, die sich ihrerseits vor dem Parlament zu verantworten hat. In diesem Dreieck der Verantwortung ist es das Vorrecht der Königin, das Parlament zu eröffnen oder aber – zum Beispiel vor einer Neuwahl – aufzulösen, wenn sie vom Premier dazu ersucht wird.

Die drei Rechte des Monarchen

Das bestehende Machtverhältnis beschrieb 1867 der bedeutende britische Wirtschafts- und Verfassungsrechtler Walter Bagehot so: «Unter dem Faltenwurf der Monarchie hat sich eine Republik eingenistet ... Der Monarch hat drei Rechte: Konsultiert zu werden, zu ermutigen, zu warnen. Ein König von Weisheit und Verstand würde nicht mehr beanspruchen.» Ohnehin, so meinte Bagehot weiter, würden die wirklich wichtigen Entscheidungen in Staat und Gesellschaft nicht im Buckingham Palast getroffen.

Königin Elizabeth II. legt großen Wert auf ihr verbrieftes Recht, «konsultiert zu werden». In der Praxis bedeutet das, daß die Regierung sie jederzeit über alle wichtigen Staatsgeschäfte zu unterrichten hat. So erreichen die Königin, wo immer sie sich aufhält, gewichtige Aktenkoffer, die von ihrem Privatsekretär geöffnet werden. Er entscheidet, was der Königin selbst vorgelegt wird, was nicht. Gesetze bedürfen auf alle Fälle ihrer Unterschrift. «Doing the boxes», die Aktenkoffer durcharbeiten, ist ein wichtiger Teil der täglichen Routine.

Einmal in der Woche, wenn nämlich der Premierminister zur Audienz kommt, hat die Königin Gelegenheit, ihre beiden anderen Rechte wahrzunehmen und «zu ermutigen» und «zu warnen». Bei ihrer Thronbesteigung amtierte Winston Churchill, seither hat sie es mit mehr als einem halben Dutzend Regierungschefs zu tun gehabt. Es ist ein offenes Geheimnis, daß sie sich mit einem besonders gut verstanden hat: mit Harold Wilson, Labour-Premierminister von 1964 bis 1970 und noch einmal von

Rechts: König Edward VII. war 59 Jahre alt, als seine Mutter 1901 starb und er die Nachfolge antrat. Er galt als einer der Architekten der «Entente Cordiale» zwischen England und Frankreich.

Unten links: König Edward VIII., der nach knapp 12 Monaten auf die Krone verzichtete, um jene Frau heiraten zu können, der sein Herz gehörte: Mrs. Wallis Simpson aus Baltimore, USA.

Unten Mitte: Nachfolger wurde der jüngere Bruder «Bertie», der als König Georg VI. den Thron bestieg, obgleich er sich seinen Neigungen entsprechend auf ein Leben als Landedelmann eingerichtet hatte.

Unten rechts: Für Königin Elizabeth II. sind die Abdankung des Onkels und die Veränderungen, die sich daraus für ihre eigene Familie ergaben, bis heute ein traumatisches Erlebnis.

Unten: Unter König Georg V. erreichte das Britische Empire dank der deutschen Kolonien, die London nach dem Ersten Weltkrieg zufielen, seine größte Ausdehnung.

1974 bis 1976. Wenn man mit dem ehemaligen Regierungschef spricht, gewinnt man den Eindruck, daß die Audienzen – zumeist unter vier Augen – mindestens zu seiner Zeit einen zwanglosen Charakter hatten. Harold Wilson, heute Lord Wilson of Rievaulx, war für Elizabeth II. der erste Premier der Labour-Partei nach drei konservativen Regierungschefs. Aber das bereitete ihr keine Schwierigkeiten. «Sie ist eine perfekte Demokratin», sagt Wilson, «und außerdem glaube ich, das Neue an der Situation hat ihr richtig Spaß gemacht.»

Majestät gibt keine Interviews

Königin Elizabeth, die viel Sinn für Demokratie hat und sich streng an die ihr von der (ungeschriebenen) Verfassung auferlegten Regeln im Umgang mit der demokratisch gewählten Regierung hält, möchte als Person aber die Majestät gewahrt wissen. Daß sie etwas Besonderes ist, hat sie schon in früher Jugend als Tochter des Duke of York erfahren. Sie wuchs sehr abgeschirmt und behütet auf, ging noch nicht einmal in eine öffentliche Schule, sondern erhielt mit ihrer Schwester Margaret im Elternhaus Privatunterricht.
Herzenswunsch der kleinen Mädchen war es, einmal mit der Londoner U-Bahn zu fahren, mit der berühmten

Unten: Als sich König Georg V. und Königin Mary diesem Familienfoto mit ihren Kindern stellten, ahnte noch niemand, daß sich in der nächsten Generation zwei Söhne die Nachfolge teilen würden.

«Tube», von der sie soviel gehört hatten. Eine verständnisvolle Erzieherin erfüllte den Wunsch und fuhr mit ihnen, wie man erzählt, zur Station Tottenham Court Road. Anschließend gingen sie in die Cafeteria des nahegelegenen Y.W.C.A., des Vereins Christlicher Junger Frauen. Begeistert zahlten die beiden Prinzessinnen dort sogar ihren Tee selbst. Aber dann erkannte man sie. Neugierige begannen sich zu sammeln, und die Erzieherin mußte eilends den königlichen Fuhrpark anrufen, um sie heimholen zu lassen.

Seit Elizabeth Monarchin ist, sucht sie hin und wieder das Bad in der Menge. Vor allem auf Auslandsreisen löst sie sich gern vom Gefolge und spricht Schaulustige an. Im Protokoll wird dieser Vorgang als «Walk about» vermerkt. Besonders im Alltag wird der Abstand jedoch gewahrt. So ist es für Elizabeth auch undenkbar, daß sie sich etwa beim Frühstück oder im Familienkreis beim Tee fotografieren ließe. Dort wo ihr Tag genauso verläuft wie bei irgendeiner beliebigen Mrs. Smith, wünscht sie keine Öffentlichkeit. Das hat nicht nur etwas mit dem Schutz der Privatsphäre zu tun, sondern mehr noch mit dem fast mystischen Selbstverständnis der britischen Royalty. Es soll kein Zweifel daran aufkommen, daß das Haus Windsor eben etwas anderes ist als das Haus Smith. Und auch das versteht sich von selbst: Majestät gibt keine Interviews.

Links: Auch Kaiser Wilhelm II. war ein Enkel von Königin Victoria. Neben ihm – als Beobachter der Kaisermanöver – der junge Winston Churchill.

Unten: Die Weltwirtschaftskrise traf die ehemaligen Feinde gleichermaßen. In ganz Großbritannien kam es zu Hungerstreiks und Hungermärschen.

Die Saison der Königin

Täglich werden die «boxes» erledigt, wöchentlich gibt es eine Audienz mit dem Regierungschef – aber im königlichen Kalender stehen noch eine Reihe anderer fester Termine, vor allem in der «Season», der Sommersaison. Am wichtigsten vielleicht an einem Wochenende im Juni «Trooping the Colour», die Geburtstagsparade für die Königin. Zwar ist sie am 21. April geboren, doch da das Wetter um diese Zeit meist wechselhaft ist, wird der Geburtstag im Juni gefeiert. Die Zeremonie hat tiefe Wurzeln in der Tradition: Auf dem Paradeplatz mitten im Regierungsviertel Whitehall treten die königlichen Leibregimenter zu Pferde und zu Fuß in altertümlich eleganten Paradeuniformen an. Bis vor einigen Jahren ritt die Queen in der Uniform eines ihrer Regimenter auf ihrem Lieblingspferd im Damensitz vom Buckingham Palast herüber. Inzwischen kommt sie in einer kleinen offenen Kutsche und nimmt das Defilee ab. Erst langsam, in gemessenem Paradeschritt, dann noch einmal in flotterer Gangart ziehen die Regimenter vorbei und senken die Fahne vor der Königin.

Unten: Im Ersten Weltkrieg wurden aus Verwandten Feinde: Rekrutenwerbung für König und Vaterland.

Am Montag nach der Geburtstagsparade wird der «Garter Day» begangen. Das ist der Tag, an dem auf Schloß Windsor die Ritter des Hosenbandordens zusammentreten, Träger der ältesten und zugleich höchsten Auszeichnung, die von der Krone verliehen werden kann. Sie stammt aus dem Jahre 1348. Der Legende nach soll damals einer jungen Dame bei Hof das Mißgeschick widerfahren sein, daß sie ihr Strumpfband verlor, woraufhin es der König galant aufsammelte, um sein eigenes Bein schlang und sagte: «Honi soit qui mal y pense – Übles dem, der Übles dabei denkt.» In feierlicher Prozession schreiten die Ordensritter zum Gottesdienst in die

Rechts: Nach seiner Abdankung nahm Edward VIII. den Titel eines Herzogs von Windsor an und lebte später mit seiner Frau in Paris.

Unten links und rechts: Lange Zeit war der König unentschieden, ob er abdanken sollte oder nicht. Trotz des Verständnisses, das viele Briten für seine Situation zeigten, bedeutete ihm die Regierung: Eine geschiedene Frau kann nicht Königin von England sein.

Sankt-Georgs-Kapelle und fahren dann – bei gutem Wetter in offenen Kutschen – zurück zum Schloß.

Wieder einen Tag darauf beginnt Royal Ascot, eine beliebte Rennwoche, die Queen Anne 1711 ins Leben gerufen hat. Wie für ihre Mutter ist auch für Elizabeth II. der Rennsport das schönste Hobby. Sie unterhält einen eigenen Rennstall, aus dem schon so manches Pferd in Ascot erfolgreich an den Start ging.

Die Hochsaison ist nicht komplett ohne

die Royal Garden Parties, zu denen die Königin im Juli einlädt: Einmal nach Holyrood-House, ihre offizielle schottische Residenz in Edinburgh, und dreimal in den Buckingham Palast. Bei diesen Gelegenheiten geht es volkstümlicher zu: Die beinahe achttausend einzeln geladenen Gäste gehören nicht mehr nur der Oberschicht an, sondern kommen aus nahezu allen Bevölkerungskreisen. Damen haben mit Hut zu erscheinen, das Protokoll legt genau fest, wer wann mit welchem Mitglied der königlichen Familie ein Wort wechseln darf, und die Bewirtung ist eher sparsam. Zum Tee werden Butterbrote und kleine Kuchenstücke gereicht.

Die Garden Parties, die in dieser Form seit 1958 stattfinden, haben sehr viel förmlichere Festivitäten abgelöst. So gibt es keine Debütantenbälle mehr im Buckingham Palast – die Zeiten, in denen die gute Gesellschaft ihre heiratsfähigen Töchter und Söhne «bei Hofe» einführte, sind vorüber. Dafür finden andere festliche Ereignisse im Palast statt

Links: Die heutige «Queen Mum», wie die Briten die Königinmutter liebevoll nennen, an der Seite ihres Mannes und ihrer Schwiegermutter.

Unten: 12. Mai 1937: Fahrt vom Buckingham Palast zur Westminster Abtei, wo mit der Krönung Georgs VI. ein schwieriges Kapitel in der Geschichte des Hauses Windsor seinen Abschluß fand.

wie die sogenannten «Investituren», zu denen sich etwa vierzehnmal im Jahr an einem Vormittag eine große Gästeschar im Ballsaal versammelt. Vielen Gästen schlägt dabei das Herz höher, denn in dieser Stunde nehmen sie aus der Hand der Königin die Auszeichnung entgegen, die ihnen schon vor geraumer Zeit in Aussicht gestellt worden ist.
Nur in wenigen Fällen entscheidet die Königin allein, wer einen Orden erhält. Meist folgt sie einer Empfehlung der Re-

Rechts: Das erste Kind, das dem damaligen Herzogspaar von York geboren wurde, erhielt die Namen Elizabeth, Alexandra, Mary.

Unten: Noch war an künftige Königswürden nicht zu denken. Die Yorks lebten mit ihren Kindern Elizabeth und der vier Jahre später geborenen Margaret in ihrer Londoner Stadtwohnung Piccadilly 145.

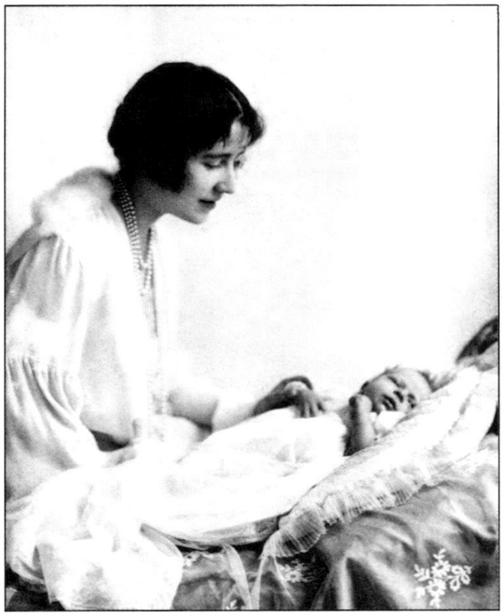

Rechts: Aus Pflichtgefühl und nicht aus Neigung unterzog sich König Georg VI. dem Krönungszeremoniell. Er war ein bescheidener Mann, der nie das Rampenlicht suchte und die Krone deshalb eher als Bürde empfand.

gierung, die bei ihren Vorschlägen sehr umsichtig ist. Denn nicht nur Generäle, Minister und Industrielle, sondern auch Künstler und Sportler werden so geehrt und ebenso der im Dienst ergraute Feuerwehrmann. Abgearbeitet werden die langen Namenslisten dann in den Investituren, bei denen Elizabeth ihre Aufgabe sehr ernst nimmt: Mit ein paar

freundlichen Worten vermittelt sie den Eindruck, daß sie über die Verdienste jedes einzelnen neuen Ordensträgers genau im Bilde ist.

Familienbetrieb Windsor

Vorbereiten muß sich die Königin im Laufe des Jahres noch auf viele andere Anlässe, die vom Protokoll meist schon auf Monate im voraus festgelegt worden sind. Dabei geht es nicht nur um hochoffizielle Gelegenheiten wie den Empfang von Staatsbesuchern mit dem traditionellen Dekor, mit Ehrengarden in roten Uniformröcken und schwarzen Bärenfellmützen. Das ganze Jahr hindurch und in allen Teilen des Landes sind internationale Konferenzen zu eröffnen, Delegationen zu begrüßen, Grundsteine zu legen, Waisenhäuser einzuweihen, Bäume zu pflanzen – die Anwesenheit Ihrer Majestät wird landauf, landab als besondere Ehre empfunden. Überall muß sie wissen, wer die lokalen Notabeln sind, und muß für jeden ein freundliches Wort parat haben. Sie muß Hunderte von Händen schütteln und immer äußerst korrekt in zurückhaltender Eleganz gekleidet erscheinen. Edward VIII., der kurzzeitige König des Jahres 1936, hat einmal unverhohlen von «Schinderei» gesprochen. Seiner Nichte Elizabeth würde eine solche Einschätzung nie über die Lippen kommen. Sie nimmt ihre Pflichten mit Gewissenhaftigkeit und gelegentlich sogar mit einer gewissen Fröhlichkeit wahr, aber nicht nur das: Sie hat eine große Familie, die bereit ist, die Bürde mit ihr zu teilen. In einem durchschnittlichen Jahr bewältigten die «Royals» 2900 Termine, darunter mehr als 1200 offizielle Besuche, Eröffnungszeremonien und ähnliche Auftritte und rund 500 Empfänge, Mittagessen, Abendessen und Bankette. Die Königin selbst nahm etwas mehr als 500 Anlässe wahr, in weiteren Spitzenpositionen bewährten sich Prinz Philip, Prinz Charles, Prinzessin Anne und neuerdings häufiger auch Prinzessin Diana. Gemeinsam gewährleisten sie bei allen halbwegs wichtigen Anlässen das ganze Jahr über so etwas wie eine «Allgegenwart» des königlichen Hauses. Nicht umsonst sprach schon Georg VI., der Vater der Königin, von der «Royal Firm» oder «Family Firm», dem «Familienbetrieb» der Windsors.

Die Jungfrau auf dem Thron

Neben einer Reihe von imposanten Königsgestalten hat England auch zwei Königinnen von historischer Bedeutung hervorgebracht, die beide viele Jahrzehnte lang regierten. Die gegenwärtige Königin trägt die römische II hinter ihrem Namen als späte Nachfolgerin der ersten Elizabeth, die aus einer ganz an-

Unten links: Daß Georg VI. am Ende ein so erfolgreicher Monarch wurde, hatte er auch der liebevollen Fürsorge seiner Frau zu verdanken. Sie half ihm in den schweren Jahren, die auf die Krönung folgen sollten, sein Amt mit viel Menschlichkeit auszufüllen.

deren Familie stammte, aus dem Hause Tudor. Unter Elizabeth I., Tochter von Heinrich VIII. und Anna Boleyn, Königin von 1558 bis 1603, begann der Aufstieg Englands zur Weltmacht. In ihrer Regierungszeit wurden die Londoner Börse eröffnet und die East India Company gegründet. Noch wichtiger aber waren zwei andere Ereignisse: der Sieg einer englischen Flotte unter Sir Francis Drake über die spanische Armada und die Gründung der ersten britischen Kolonie in Amerika durch Sir Walther Raleigh.

Die Liste ihrer Verehrer war lang. Selbst ein Herzog von Schleswig-Holstein-Gottorf hatte sich beworben, doch Elizabeth I. ging keine Ehe ein und hieß darum die «jungfräuliche Königin», «the Virgin Queen». Ihr zu Ehren nannte Raleigh die englische Ansiedlung jenseits des Ozeans «Virginia». Als sie 1603 im Alter von 69 Jahren starb, war die seit der Entdeckung Amerikas bestehende spanische Vorherrschaft gebrochen und England zur führenden protestantischen Großmacht aufgestiegen. Außerdem hatte das elisabethanische Zeitalter mit William Shakespeare, Christopher Marlowe, Ben Jonson und Francis Bacon eine kulturelle Blüte hervorgebracht, die bis zum Kontinent ausstrahlte.

Fast drei Jahrhunderte später regierte eine andere große Königin: Victoria I. aus dem Hause Hannover, das 1714 mit Georg I. zur Königswürde in England gelangt war, weil sonst ein Katholik die Anwartschaft gehabt hätte. Bis 1837 herrschten fünf Hannoveraner zugleich an der Themse und daheim an der Leine. Dann endete die Personalunion mit dem Tod Wilhelms IV. Ihm folgte seine achtzehnjährige Nichte Victoria auf den englischen Thron, Königin bis zum Jahre 1901.

Grossmutter Europas

In dieser Zeit erreichte das britische Empire seine größte Ausdehnung. Zwar wa-

Unten und rechts: Zwei Jahre nach der Krönung brach der Zweite Weltkrieg aus. Premierminister Churchill bereitete die Briten auf das schlimmste vor. Nacht für Nacht bombardierte die deutsche Luftwaffe englische Städte. König und Königin verschafften sich tags darauf einen Überblick über die Zerstörungen.

ren die wichtigsten amerikanischen Kolonien verloren, und 1861 erhielt auch Kanada als Dominion die volle politische Autonomie, doch stand andererseits die Aufteilung Afrikas auf der europäischen Tagesordnung, bei der Ghana, Nigeria, Uganda, Kenia, Somalia, Rhodesien, Njassa- und Swaziland an Großbritannien fielen. Um den Seeweg nach Indien zu sichern, wurde außerdem Ägypten besetzt. Es war die Blütezeit des Imperialismus, und in den viktorianischen Salons nickte man beifällig, als der Dichter Rudyard Kipling für das Sendungsbewußtsein der Kolonialherren das Wort von der «Bürde des weißen Mannes» prägte.

Die britische Politik wurde aber schon längst nicht mehr von der Krone gemacht, sondern von dem jeweiligen Premierminister, von Männern wie Benjamin Disraeli und William Gladstone. Disraeli veranlaßte auch, daß Königin Victoria am Neujahrstag 1877 zur Kaiserin von Indien ausgerufen wurde. Sie erschien allerdings nicht selbst zu den Feierlichkeiten in Delhi, da sie ihre Reisen auf den angestammten Kontinent beschränkte, wo sie als «die Großmutter Europas» galt.

Ihren Beinamen trug sie zu Recht. Sie hatte einen Cousin, den Prinzen Albert von Sachsen-Coburg-Gotha, geheiratet und von 1840 bis 1857 neun Kinder zur Welt gebracht. Den frühen Tod Alberts im Jahre 1861 konnte sie nie ganz verwinden. Sie kleidete sich nur noch in Schwarz und zog sich aus dem öffentlichen Leben zurück. Zugleich wollte sie aber weiterhin über alle Staatsangelegenheiten unterrichtet werden. Ihre Kinder heirateten allesamt standesgemäß europäische Monarchen, Prinzen und Prinzessinnen. So hatte die britische Königin ein ausgedehntes familiä-

Unten: Zwischen König und Premierminister entwickelte sich in den Kriegsjahren eine Freundschaft, wie sie zwischen Souverän und Regierungschef eher ungewöhnlich ist.

Unten: Mit gutem Beispiel voran: die Prinzessinnen Elizabeth und Margaret beim Zeichnen von Kriegsanleihen in einem Londoner Postamt, Januar 1943.

Ganz unten: Gegen Ende des Krieges erfüllte der König seiner Tochter Elizabeth den Wunsch, für technische Hilfsdienste als Kraftfahrerin ausgebildet zu werden.

res Nachrichtennetz zur Verfügung, das ihr alle wichtigen Neuigkeiten zutrug und von ihr auch genutzt wurde, um in Krisenfällen diplomatisch glättend einzugreifen. Ihre älteste Tochter hatte in das Haus Hohenzollern nach Berlin geheiratet, so daß Victoria auch Großmutter des späteren deutschen Kaisers Wilhelm II. war.

Eine neue Dynastie wird geboren

Als Victoria 1901 nach mehr als sechzigjähriger Herrschaft starb, kämpften die Engländer gerade im fernen Süden Afrikas im Burenkrieg. Ihr Sohn Edward VII. war bereits 59 Jahre alt, als er den Thron bestieg. Die lange Wartezeit, in der ihm von seiner Mutter jeder Zutritt zu Staatsgeschäften verweigert worden war, hatte er zu ausgedehnten Auslandsreisen benutzt. In der eleganten Welt von Deauville, Biarritz, Marienbad und Monte Carlo war er nicht nur wegen seines Bartes und der ständigen Zigarre eine auffallende Erscheinung gewesen. Man sagte ihm nach, daß er nichts höher schätzte als schöne Frauen und schnelle Pferde. Er schien sein Leben in vielerlei Hinsicht zu genießen. Daneben hatte er aber auch viele wichtige Gespräche mit Monarchen und Politikern geführt und dabei großes diplomatisches Talent entwickelt. Als König leitete er die «Entente Cordiale» zwischen Frankreich und Großbritannien in die Wege, die später die beiden, seit dem Hundertjährigen Krieg und Napoleon verfeindeten Länder zu Verbündeten gegen das deutsche Kaiserreich machte.

Schon 1910 folgte ihm Georg V., der mit seinem Land den Ersten Weltkrieg zu bestehen hatte. Als die Erbitterung der Engländer über seinen Vetter, den deutschen Kaiser, immer stärker wurde und in manchen Kreisen bereits Zweifel an seiner vaterländischen Loyalität aufkeimten, beschloß er, die deutsche Herkunft seiner Familie aus dem öffentlichen Bewußtsein zu verdrängen. Im Geschützdonner des Jahres 1917 wurde so durch Namensänderung eine neue Dynastie geboren: das Haus Windsor.

Auch die Nachkriegszeit war für Georg V. nicht leicht. Zwar fielen dem Empire

Linke Seite: 8. Mai 1945, Kriegsende. In Whitehall, dem Regierungsviertel von London, wird Churchill von der Bevölkerung umjubelt.

Unten: Prinzessin Elizabeth 1947 auf dem Wege zu einem Wohltätigkeitsball für Seeleute.

Unten rechts: Auch der Mann, mit dem sie sich am 10. Juli 1947 verlobte, trug Marineblau: Leutnant Philip Mountbatten, Prinz von Griechenland.

die ehemaligen deutschen Kolonien in Afrika zu, doch hatte es nach Kanada auch Australien, Neuseeland und die Südafrikanische Union in die politische Autonomie entlassen müssen. Die Dominions, wie sie genannt wurden, bauten ihre Selbständigkeit zielstrebig weiter aus, so daß man auch offiziell bald

nicht mehr vom «Empire» sprach, sondern vom «Commonwealth of Nations», von einer Gemeinschaft von Nationen, die durch ein gemeinsames Band zusammengehalten wurden: die Krone. Währenddessen löste sich in Europa der größte Teil Irlands von England, und im Mutterland selbst kündigte sich eine neue Zeit dadurch an, daß der König 1924 mit Ramsay MacDonald zum ersten Mal einen Politiker der Labour-Partei zum Premierminister berufen mußte.

Zwischen Thron und Liebe

Georg V. meisterte alle Schwierigkeiten mit Anstand. Nach seinem Tod im Jahr 1936 aber geriet das Königshaus in eine

Linke Seite: Hochzeit am 20. November 1947. Prinzessin Elizabeth war 13 Jahre alt, als sie «ihrem» Prinzen zum ersten Mal begegnete. Das war bei einem Besuch im Marine-College von Dartmouth 1939.

Unten: Nach der Trauung erschien das Brautpaar auf dem Balkon von Buckingham Palast, für viele Londoner ein Bild der Hoffnung im grauen Alltag der Nachkriegszeit.

schwere Krise. Sein ältester Sohn David, der als Edward VIII. die Nachfolge antreten sollte, war schon über vierzig und hatte die lange Wartezeit als Prince of Wales wie sein Großvater zu ausgedehnten Auslandsreisen benutzt. Dabei hatte er seine große Liebe kennengelernt, die er auch heiraten und zur Königin machen wollte. Daß die Auserkorene aus den USA stammte, störte nicht sehr, auch daß sie eine Bürgerliche war, mochte noch hingehen, schockierend aber wirkte der Umstand, daß sie bereits einmal geschieden war und sich gerade zum zweiten Mal scheiden lassen wollte, um den König heiraten zu können.

Die sonst so klatschsüchtige britische Presse bewahrte mustergültig Diskretion – selbst als im Mai der Name Mrs. Wallis Warfield Simpson in der offiziellen Gästeliste eines Dinners im Buckingham Palast erschien. Auch zum Tee bei seinem Bruder Albert, dem Herzog von York, der mit seiner Frau Elizabeth und seinen beiden kleinen Töchtern Elizabeth und Margaret am Piccadilly wohnte, kam der König in Begleitung seiner amerikanischen Braut. Hinter den Kulissen aber jagte eine vertrauliche Beratung die andere.

Der Krönungstermin war schon festgesetzt, als Premierminister Stanley Baldwin im Dezember den schweren Gang zum Buckingham Palast antrat und dem König unter Wahrung aller Formen bedeutete, daß Parlament, Nation und Commonwealth eine zweimal geschiedene Frau als Königin von England nicht akzeptieren könnten. Vor die Wahl gestellt zwischen dem Thron und seiner Liebe, entschied sich Edward VIII. für sein persönliches Glück und dankte ab. Mit einer Apanage und dem Titel Herzog von Windsor abgefunden, ging er alsbald ins Ausland und wurde einige Monate später zum Erschrecken der englischen Öffentlichkeit mit Wallis Simpson auf dem Obersalzberg bei Adolf Hitler gesehen.

Unten: Am 14. November 1948 wurde dem Paar der erste Sohn geboren, der in der Thronfolge nach der Mutter von nun an die erste Position einnahm: Prinz Charles, Philip, Arthur, George.

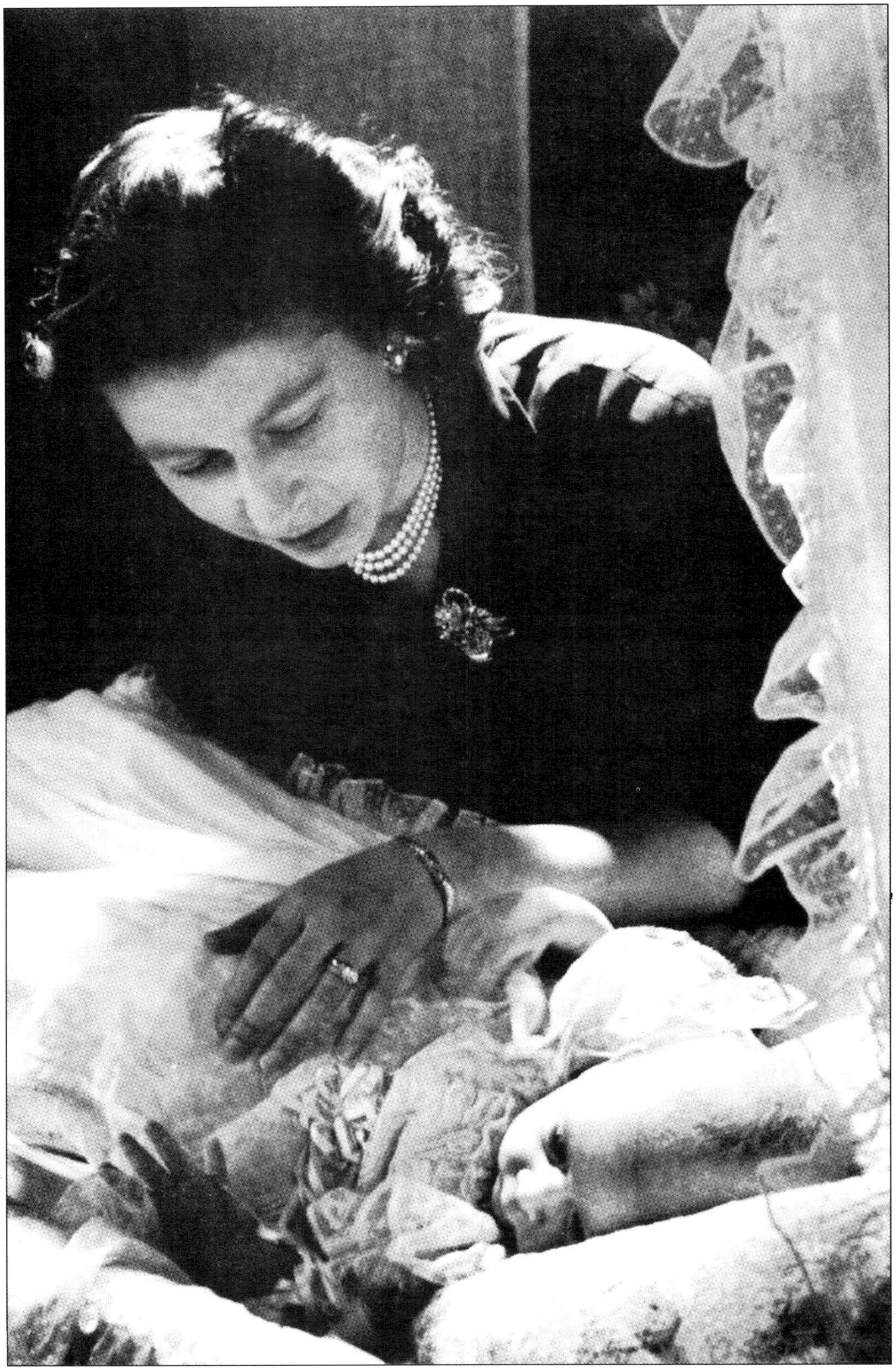

Unten: Zwei Jahre später wurde Prinzessin Anne, Elizabeth, Alice, Louise geboren, die heutige Princess Royal.

MUSST DU KÖNIGIN WERDEN?

So wurde 1936 für England zum «Dreikönigsjahr»: 20 Tage hatte noch Georg V. gelebt, ihm folgte für zehn Monate Edward VIII., und nach dem «Abdication Day», dem 10. Dezember, war die Reihe an seinem Bruder Albert, im Familienkreis «Bertie» genannt. Er hatte niemals König werden wollen, vielleicht nicht zuletzt, weil er einen kleinen Sprachfehler hatte. In seiner Stadtwohnung am Piccadilly hörten auch die beiden Töchter die große Neuigkeit. Wie die Biographin Elizabeth Langford berichtet, fragte Margaret ihre ältere Schwester Elizabeth: «Bedeutet das, daß du die nächste Königin werden mußt?» Die damals zehnjährige Elizabeth antwortete nur gelassen: «Ja, eines Tages.» Darauf Margaret bedauernd: «Du armes Ding.»
Noch viel weniger als der Vater, Prinz Albert, Herzog von York, wollte die Mutter vom Piccadilly in den Buckingham Palast umziehen. Elizabeth Bowes-Lyon hatte sogar vor vielen Jahren den

Unten und rechts: In Kenia erreichte Prinzessin Elizabeth die Nachricht vom Tode ihres Vaters. Sie brach ihre Reise ab und kehrte nach London zurück. Das war im Februar 1952. Am 2. Juni 1953 fand in der Westminster Abtei die feierliche Krönung statt, die vom neuen Medium Fernsehen in alle Welt übertragen wurde.

ersten Heiratsantrag «Berties» abgelehnt, weil sie nicht als Mitglied der königlichen Familie in das Rampenlicht der Öffentlichkeit geraten wollte. Doch jetzt ließ die dynastische Pflicht keine andere Wahl: Im Mai 1937 wurde Albert als Georg VI. zum König gekrönt und seine Frau Elizabeth zur Königin. Schon heute stimmen Historiker darin überein, daß Georg VI., obwohl er eigentlich nicht für das hohe Amt vorbereitet war, seinem Land auch in schwerer Zeit ein guter König war. Dies hatte er vor allem seiner Frau zu verdanken, die ihm half, die angeborene Schüchternheit zu überwinden, und bereit war, die Bürde der Krone mit ihm zu teilen. Das weiß offenbar ganz England, denn anders ist

Links und unten: «Trooping the Colour», die alljährliche Geburtstagsparade für die Königin, die im Juni stattfindet, weil im Geburtsmonat April auch in Großbritannien das Wetter sprichwörtlich wetterwendisch ist. Jahrzehnte hat die Königin die Parade vom Pferderücken aus abgenommen. Erst seit kurzem fährt sie mit der Kutsche zum Paradeplatz.

kaum die Sympathie zu erklären, die sie auch im hohen Alter als Königinmutter – ebenso burschikos wie zärtlich «Queen Mum» genannt – allenthalben genießt.

Nur zwei Friedensjahre waren dem Königspaar vergönnt. Am 1. September 1939 marschierten deutsche Truppen in Polen ein, und zwei Tage später lief das Ultimatum ab, das England und Frankreich Hitler gestellt hatten. Großbritannien befand sich im Kriegszustand, obwohl es noch Monate dauern sollte, bis der Bombenkrieg die englischen Gestade erreichte.

Königin Elizabeth übernahm das Oberkommando über alle weiblichen Hilfscorps. Ihre Töchter verbrachten den überwiegenden Teil des Krieges auf

Linke Seite: Jedes Jahr im November eröffnet Königin Elizabeth II. die neue Sitzungsperiode des Parlaments und verliest dabei die Thronrede.

Links: Am 1. Juli 1969 wurde Prinz Charles in Caernarvon von seiner Mutter zum 21. «Prince of Wales» proklamiert, dem traditionellen Titel britischer Thronfolger.

Unten: Die Königin, der Herzog von Edinburgh und Prinzessin Anne bei einer Kirchenversammlung der Schottischen Kirche im Mai 1969 in Edinburgh.

Schloß Windsor. Als der Gedanke aufkam, Elizabeth und Margaret nach Kanada in Sicherheit zu bringen, lehnte die Königin mit den Worten ab: «Die Prinzessinnen können das Land nicht ohne mich verlassen, und ich könnte nicht ohne den König gehen, und der König wird selbstverständlich niemals gehen.» Das Königspaar blieb auch in London, als im September 1940 die deutschen Bombenangriffe begannen. Sobald der Alarm vorüber war, besuchten sie die am schlimmsten betroffenen Stadtteile. Auch das eigene Heim, der Buckingham Palast, wurde von deutschen Bomben getroffen, während des Krieges insgesamt neunmal. Die Königin registrierte das mit grimmiger Genugtuung: «Ich bin froh, daß wir auch etwas abgekriegt haben. Jetzt kann ich doch den Ausgebombten im East End besser ins Auge blicken.»
Am 8. Mai 1945 war der Sieg in Europa errungen. Die Londoner feierten V.E. Day, den «Victory in Europe»-Tag, auf den Straßen und sammelten sich in großer Zahl auch vor dem Buckingham Palast. Immer wieder rief ihr Jubel das Königspaar und die beiden Prinzessinnen auf den Balkon. Prinzessin Elizabeth trug die Uniform des weiblichen Transporthilfsdienstes, in den sie mit 18 Jahren aufgenommen worden war. Später an diesem Abend erhielten die beiden Mädchen die Erlaubnis, sich unter die jubelnde Menge zu mischen. Mitten im Gewühl vor dem Palast riefen sie wie alle anderen: «Wir wollen den König, wir wollen die Königin!»
Auf den Krieg folgten wirtschaftliche und politische Krisenjahre. Südirland schied aus dem Commonwealth aus und machte sich als Republik Eire völlig selbständig. Vorderindien erhielt die Unabhängigkeit und teilte sich nach schweren Glaubenskämpfen zwischen Hindus und Moslems in die Indische Union und Pakistan. In den afrikanischen Kolonien verstärkten sich die Freiheitsbestrebungen, und aus Palästina zog sich Großbritannien 1948 zurück und machte damit den Weg frei für den Staat Israel. Als Elizabeth 1952 tatsächlich «Königin werden mußte», war England keine Weltmacht mehr.

Der Mann fürs Leben

Schon 1939 hatte Elizabeth bei einem Besuch der königlichen Familie im Royal Naval College in Darmouth einen hochgewachsenen, gutaussehenden, sportlichen Kadetten kennengelernt und danach, wie es heißt, niemals Ausschau nach einem anderen Mann gehalten. Beinahe wie im Märchen war es bei beiden Liebe auf den ersten Blick. Philip von Griechenland war ein entfernter Cousin von Elizabeth. Sein Großvater war ein dänischer Prinz aus dem Hause Schleswig-Holstein-Sonderburg-Glücksburg gewesen, der 1863 als König nach Griechenland geholt worden war. Seine Mutter stammte aus der Familie Battenberg, die 1917 wie das britische Königshaus ihren Namen anglisierte und sich seither Mountbatten nennt.
1921 wurde Philip auf der Insel Korfu geboren, doch schon im Jahr darauf vertrieben griechische Republikaner die Königsfamilie aus Griechenland. Er wuchs zeitweise in Paris und später in England auf und besuchte 1932/33 die

Zwei wichtige Termine im königlichen Kalender: Die Eröffnung der Sitzungsperiode des Parlaments im Palast von Westminster, zu der die Königin in der Irischen Staatskutsche fährt, im November (unten).

Am Montag nach «Trooping the Colour» tritt im Juni auf Schloß Windsor der Hosenbandorden zusammen. 1348 ins Leben gerufen, ist er die älteste und höchste Auszeichnung, die Königin Elizabeth II. verleihen kann (ganz unten).

Unten: die persönliche Leibwache der Königin, die «Yeomen of the Guard», hat heute nur noch zeremonielle Pflichten. Dazu gehört seit der Pulververschwörung des Guy Fawkes im Jahre 1605 auch eine Durchsuchung des Parlaments vor Beginn der Sitzungsperiode.

deutsche Eliteschule Salem. Als ihr Gründer Kurt Hahn, der in seinem Internat die Lehren des griechischen Philosophen Plato mit Leistungssport und körperlicher Arbeit verband, vor den Nationalsozialisten flüchtete und 1934 in Gordonstoun im Nordwesten von Schottland eine neue Schule eröffnete, war Prinz Philip einer seiner ersten Schüler. Im Zweiten Weltkrieg diente er in der britischen Navy. 1947 erhielt er die britische Staatsangehörigkeit und übernahm dabei den Familiennamen seines Onkels, des Kriegshelden Earl Mountbatten of Burma.
1947 war auch das Jahr der Verlobung und der Trauung mit Prinzessin Elizabeth. Am Hochzeitstag erhob Georg VI. den Schwiegersohn zum Herzog von Edinburgh. In rascher Folge wurden dem jungen Paar zwei Kinder geboren – Charles (1948) und Anne (1950), die beide von Geburt an die Titel Prinz und Prinzessin erhielten. Im Jahre 1952 stand für Elizabeths Eltern eine Rundreise durch das Commonwealth auf dem Programm, doch als der König erkrankte, übernahm die Thronfolgerin diese Aufgabe. Als sie sich gerade in Kenia aufhielt, starb Georg VI. Nach hastigem Aufbruch zurückgekehrt, wurde Elizabeth die Queen – im Alter von 25 Jahren.

Königin des Commonwealth

Ihre feierliche Krönung im Juni 1953 war das erste große Ereignis, das vom Fernsehen live in alle Welt übertragen wurde. Gleich darauf, vom November 1953 bis zum Mai 1954 ging sie auf eine Commonwealth-Tour, die einem Triumphzug glich. Sie besuchte Neuseeland, Australien, Ceylon, Uganda und Malta, außerdem noch für jeweils einen oder zwei Tage eine ganze Reihe von Inseln zwischen den Bermudas und

Unten: Während ihres offiziellen Besuches der Vereinigten Staaten im Mai 1991 nahm die Königin, zusammen mit Präsident Bush, eine Parade der «Old Guards» vor dem Weißen Haus ab. Die Uniformen britischer Soldaten des 18. Jahrhunderts erinnern an die Zeiten, als Amerika noch britische Kolonie war.

Unten: Das «Familienunternehmen Windsor» ruht auf vielen Schultern. Das Thronfolgerpaar – hier bei einem Besuch in Brasilien – nimmt der Königin immer mehr Pflichten ab, die sie früher selbst wahrgenommen hätte.

Tonga. Hofchronisten ermittelten, daß sie 276 Reden anhörte und selber 102 hielt und über fünfhundertmal mit der Nationalhymne «God save the Queen» geehrt wurde. Bei der Frage, wie oft sie unterwegs Hände geschüttelt habe, gingen die Schätzungen auseinander. Sie schwankten zwischen 4800 und über 13000 Handshakes.

In den nächsten Jahren blieb Elizabeth II. meist im Lande, um sich in ihre verantwortungsvolle Aufgabe einzuarbeiten. Nur gelegentlich brach sie zu einem Staatsbesuch nach Schweden, Frankreich, Portugal, Kanada oder in die USA auf. Ihrem hohen Amt ordnete sie auch ihre persönliche Familienplanung unter: Erst 1960, zwölf Jahre nach Charles, kam ihr Sohn Andrew zur Welt, 1964 folgte ihm Edward als viertes und letztes Kind. Danach aber vertrat sie die Krone unermüdlich auf zahlreichen Auslandsreisen. So machte sie 1965 einen Staatsbesuch in der Bundesrepublik, bei dem sie im bedrohten Berlin von Willy Brandt empfangen wurde und in einer Ansprache unter großem Jubel auf ihre deutsche Abstammung hinwies.

Kein Privatunterricht im Palast

Auf den vielen Reisen und bei den offiziellen Anlässen repräsentiert Prinz Philip stets als der Mann an ihrer Seite. Offiziell hat er keinen Anteil an den Staatsgeschäften. Ob seine Frau inoffiziell Ratschläge von ihm entgegennimmt, wird nicht bekannt. Man weiß aber, daß er im stillen auf eine vorsichtige Modernisierung der Monarchie hinwirkt. Die mittelalterlichen Traditionen, die mit ihren Kostümparaden die Außendarstellung des Königshauses prägen und zu einer großen historischen Show machen, sind schon bei der Krönung Elizabeths II. auch in England auf vereinzelte Kritik gestoßen. Der Vergleich mit den Königshäusern in Dänemark, Norwegen und Holland, die sich «bürgerlicher» und meist auch volksnäher geben, fällt nicht immer zugunsten der Windsors aus.

Ansonsten tritt der Herzog von Edinburgh nach außen, wie es sich für ein Mitglied der «Royal Firm» gehört, als Vorsitzender oder Schirmherr von Sportverbänden und Wohlfahrtseinrichtungen auf. Zeitweise stand er nahezu 400 Vereinigungen als Ehrenpräsident vor. Sehr intensiv beschäftigten ihn der Umweltschutz, die Bewahrung der Natur und der bedrohten Tierwelt, wobei ihm der «World Wide Fund for Nature», der aus dem «World Wildlife Fund» hervorgegangen ist, besonders am Herzen liegt. Als Präsident des Funds ist er sich auch nicht zu schade, werbewirksame Reisen zu unternehmen. Doch verzichtet er dann gern auf den «großen Bahn-

Unten und rechts: Pferderennen in Ascot. Originell «behütet» zu sein, wie hier die Princess of Wales und ihre Schwägerin Sarah, ist beinahe so wichtig, wie auf das richtige Pferd zu setzen. Die Königin liebt den Pferdesport. Sie unterhält einen eigenen erfolgreichen Rennstall.
Unten mitte: Prinz Charles ist, wie sein Vater, ein begeisterter und erfolgreicher Polo-Spieler. Dieser exklusive Pferdesport florierte in Indien als Lieblingssport der britischen Armee und der Maharadschas; das erste Polomatch in England wurde erst 1871 ausgetragen.

Ganz unten: Prinzessin Anne engagiert sich für viele soziale Anliegen. Sie ist unter anderem Präsidentin des «Save the Children Fund» und besucht in dieser Funktion oft Afrika und seine hungernden Kinder.

hof», der ihn regelmäßig bei seinen Reisen mit der Queen erwartet. Bekannt ist auch, daß er sich energisch um die Erziehung der Kinder, vor allem der drei Söhne, gekümmert hat. Für diese Generation gab es keinen Privatunterricht im Palast mehr, und Prinz Charles schickte er wie auch seine beiden jüngeren Söhne in die harte Schule von Gordonstoun.
Es war keine leichte Jugend für Charles. Zwischen der eher robusten Erziehung seines Vaters und der immer noch etwas starren Hofetikette fand er nur schwer eine eigene Position. Es wird berichtet, daß er sich lange scheute, Bekanntschaften mit Gleichaltrigen zu schließen, die nicht so «standesgemäß» waren wie die Söhne des Adels und des höheren Offizierskorps. Außerdem kam er, sobald er seine Lage richtig einzuschätzen wußte, zu der Erkenntnis, daß er als Sohn einer so jugendlichen Mutter noch auf viele Jahre hinaus nichts weiter als Thronfolger sein würde – vielleicht so lange wie Königin Victorias Sohn Edward VII. Für den Prince of Wales aber – das hatten auch seine Vorgänger erfahren – gibt es kein fest umrissenes Berufsbild.

Ein miserabler Job

Im Mittelalter war Wales ein selbständiges Fürstentum gewesen. Als es 1282 die Selbständigkeit an England verlor, dachte sich der englische König den Schachzug aus, seinen ältesten Sohn zum Fürsten von Wales zu ernennen, damit niemand den verwaisten Thron für sich beanspruchen konnte. Dabei ist es durch die Jahrhunderte geblieben: der Thronfolger wurde jeweils Prince of Wales. Charles steht in dem Ruf, daß er wesentlich mehr für die Landwirtschaft und Industrie «seines» Fürstentums getan hat als die meisten seiner Vorgänger.

Links: So alt wie das Jahrhundert: Königin Elizabeth, die Königinmutter, an ihrem 90. Geburtstag im Jahre 1990. Noch immer steht sie zur Verfügung, Repräsentationspflichten für das Königshaus zu übernehmen.

Unten: Zum 80. Geburtstag der «Queen Mum» trafen sich drei Generationen der Windsors zu einem Gruppenbild.

Gleichwohl konnte ihn das allein nicht ausfüllen. Als er vor mehr als zehn Jahren einmal mit einigen Kabinettsmitgliedern zu Abend aß, erzählte er ihnen beim Nachtisch, kürzlich sei er mit der australischen Fluglinie Quantas geflogen und da hätte eine Stewardeß recht unverblümt zu ihm gesagt: «Was haben Sie doch für einen miserablen Job.» Und als die Runde dezent lachte, meinte er mit trockenem Humor: «Aber verstehen Sie doch – sie hatte ja recht!» Um diese Zeit hatte er Gordonstoun, das Trinity College in Cambridge und Dienstjahre in der Air Force und in der Navy hinter sich und suchte eine Aufgabe.

Inzwischen widmet er einen großen Teil seiner Zeit und Kraft dem Elend in den heruntergekommenen Wohnvierteln der Innenstädte, den rassischen Minderheiten und vor allem den Jugendlichen, die keine Arbeit und keine Berufsausbildung haben. Immer wieder ist er selbst in diesen Stadtbezirken. Er hat es gelernt, mit Menschen zu sprechen, die nicht «standesgemäß» sind, und an ihrem Schicksal Anteil zu nehmen. Zu diesem Zweck gründete er den «Prince's Trust» und den «Youth Business Trust», die Jugendprojekte fördern und Darlehen zur Existenzgründung vergeben. Außerdem ist er auch Vorsitzender des «Royal Jubilee Trusts», der die vielen Millionen Pfund Spendengelder verwaltet, die bei den Silberjubiläen von Georg VI. und Elizabeth II. für wohltätige Zwecke gesammelt wurden. Für seine sozialen Aufgaben holte der Prinz sich Berater von außerhalb, aber er kommt dann auch selbst, um sich von den Fortschritten zu überzeugen.

Offene Worte

Natürlich geht es bei diesem Wechsel der Milieus nicht immer ohne Peinlichkeiten ab. So auch an dem Tag, an dem er schwarzen Jugendlichen für eine Geschäftsgründung stolz einen Scheck über 3000 Pfund überreichte, ohne zu ahnen, daß in den Abendblättern gerade ein Bericht über den 5000 Pfund teuren Schmuck stand, den seine Frau bei einer Filmpremiere am Vorabend getragen hatte. Der Abstand zwischen Royalty und Unterprivilegierten, zwischen den Höhen von Buckingham-Palace und den Niederungen von Brixton ist nicht aus der Welt zu schaffen. Dennoch ist es wichtig, daß Großbritannien einen Thronfolger hat, der über die sozialen

Verhältnisse im Land informiert ist und sich um das Wohl der Allgemeinheit sorgt. Dabei hat er gelernt, daß der «Beruf» eines Prince of Wales bei allen Enttäuschungen und Schwierigkeiten auch einen großen Vorteil hat: So lange er sich nicht in die Parteipolitik einmischt, kann er offener sprechen als ein König.

Diese Möglichkeit hat er in den vergangenen Jahren wiederholt genutzt, nicht selten zum Schrecken des Hofes. Seinem Ärger über die langsamen Mühlen der Bürokratie machte er einmal mit den Worten Luft: «Ich möchte am liebsten mit den Füßen zuerst in diese Spaghetti Bolognaise aus Papierkram springen, die dieses Land von einem Ende bis zum anderen verkleistert.»

Immer wieder trat er für organischen Ackerbau und den Schutz der Nordsee ein, vor allem aber legte er sich mit den Architekten und Stadtplanern des Landes an. Temperamentvoll stritt er dagegen, daß alte Stadtlandschaften, wo sie noch erhalten sind, unter charakterlosen Neubauten verschwinden, die keine Rücksicht auf die Umgebung nehmen. Berühmt wurde 1987 seine «Luftwaffen»-Rede, in der es um die modernen Hochhäuser ging, die sich von der Londoner City her immer näher an die St.-Pauls-Kathedrale heranschieben und sie

Oben: Die Hochzeit von Prinz Charles und Lady Diana Spencer am 23. Juli 1981 in der St. Paul's Kathedrale war eines der größten Medienereignisse der 80er Jahre.

Unten: Und wieder wächst ein Pferdenarr heran: Prinz William, am 21. Juni 1982 geboren, beim Ausritt mit dem Vater. Prinz Henry, am 15. September 1984 geboren, versucht derweil, mit seiner sportlichen Mutter Schritt zu halten.

Links: *Erneut freut sich das Land mit dem Königshaus: Hochzeit von Prinz Andrew und Sarah Ferguson am 23. Juli 1986.*

Unten: Sarah mit der erstgeborenen Prinzessin Beatrice und ihrer kleinen Schwester Eugenie.

zu umzingeln drohen. Die deutsche Luftwaffe, so der Prinz, habe die Häuser nur zerbombt, richtig zerstört worden aber sei die Londoner Innenstadt von den Engländern selbst. Wenn Clausewitz den Krieg als eine Fortsetzung der Diplomatie mit anderen Mitteln bezeichnet habe, so zeige sich die Stadtplanung von London immer mehr als eine Fortsetzung des Krieges mit anderen Mitteln.
Die Angegriffenen warfen ihm prompt «faschistische Ansichten» vor und nannten seine Vorstellungen von moderner Architektur altertümelnd und reaktionär. Was er anstrebe, sei ein neoklassizistisches Disneyland mit Giebeln, Säulen und Gesimsen. Charles führte die Diskussion 1989 weiter mit seinem Buch «A Vision of Britain», aus dem in der Tat ersichtlich wird, daß er der Prä-Moderne mehr Geschmack abgewinnt als der Post-Moderne. Daß es ihm in der Hauptsache um eine Architektur in menschlichen Proportionen geht, wird in der öffentlichen Debatte zunehmend anerkannt.

Späte Ehe mit einer Traumprinzessin

Bevor der Prince of Wales wegen seiner öffentlichen Äußerungen immer wieder in die Presse kam, war Fleet Street vor allem an der Frage interessiert gewesen, ob er jemals heiraten würde – und wen. Diese Frage wurde besonders dringlich, als 1978 der Tag abzusehen war, an dem er 30 werden würde – seit Menschengedenken der älteste Thronfolger ohne Ehefrau. Nun war Charles durchaus mit einer Reihe von jungen Frauen bekannt und manchmal sogar befreundet gewesen, aber eine richtige Romanze hatte sich niemals daraus entwickelt. Vielleicht lag es auch daran, wie sein Biograph Anthony Holden anmerkt, daß die jungen Damen ihn auch unter vier Augen mit «Sir» anreden mußten.
Die Wende kam mit einer Begegnung bei einem Jagdausflug, als er eine Nachbarstochter wiedersah, die er auf dem königlichen Landsitz Sandringham 16

Vorhergehende Doppelseite: Luftaufnahme des Buckingham-Palasts mit Park und Victoria Monument im Herzen Londons. Der Palast ist seit 1837 die Hauptstadtresidenz der britischen Monarchen.

Oben: Die königliche Familie auf dem Balkon des Palastes.
Rechts: Der Blick vom Balkon auf das Victoria Monument und die Paradestraße «The Mall».

Jahre zuvor als Baby gesehen hatte. Es dauerte noch einmal drei Jahre, bis sie sich 1980 häufiger trafen. Lady Diana Spencer war mittlerweile 19, eine bildhübsche junge Frau, die aus guter Familie stammte, sich mit Geschmack kleidete und ihre Reize dezent, aber wirkungsvoll auszuspielen wußte. Als im Februar 1981 die Verbindung offiziell bekannt wurde, war «Lady Di» sofort Liebling der Nation.

Die Trauung in der St.-Pauls-Kathedrale im Juli 1981 wurde dank des Fernsehens zu einem weltweiten Medienspektakel. 700 Millionen Menschen sollen zugesehen haben, als das Traumpaar sich das Ja-Wort gab und sich die Ringe ansteckte. Für die Öffentlichkeit endete der Tag mit dem ersten königlichen Kuß, der jemals auf dem Balkon von Buckingham-Palace ausgetauscht wurde. Andere Neuerungen folgten: Charles war als erster Prince of Wales bei der Geburt seiner Söhne William (1982) und Henry (1984) zugegen. Das Glück schien vollkommen.

Im Laufe der Jahre freilich schimmerten hin und wieder die Schwierigkeiten durch, die sich in der jungen Ehe vor allem durch den großen Altersunterschied einstellten. Sie war noch jung und lebenslustig, und er war vielleicht zu lange Junggeselle gewesen. Sie bevorzugte Modenschauen und Tanzparties, während er dem sozialen Elend in den Großstädten nachspürte. Sie ging gern

Links: Der «blaue Salon», von Königin Victoria ursprünglich als Ballsaal benutzt, gilt als eines der schönsten Staatsgemächer des Palastes. Die Brokattapeten, Vorhänge und Polster sind in Blau gehalten.
Oben: Der «State Dining Room», an dessen Mahagonitisch 60 Gäste Platz nehmen können. An den Wänden Gemälde der hannoverschen Vorfahren der Königin, z. B. König Georgs III. und Georgs IV.

shopping in den eleganten Modegeschäften von Knightsbridge, während er lieber auf seiner Farm Highgrove Bio-Gemüse anbaute. Im trauten Familienkreis der Windsors langweilte sie sich gelegentlich, und ihn verstörte es, daß das Publikum bei manchem öffentlichen Auftritt enttäuscht war, wenn er ohne seine Frau kam. Erschienen sie aber gemeinsam, interessierten sich die Leute mehr für ihre neue Frisur oder ihr neues Kostüm als für seine richtungweisenden Ausführungen. Gleichwohl gewann Diana als Mitglied der königlichen Familie erheblich an Ansehen, als sie die erste AIDS-Klinik des Landes besuchte und den Patienten ihre Hand ohne Handschuhe reichte. Inzwischen nimmt sie auch andere Pflichten wahr, kümmert sich um Behinderte und die Entwicklungsprobleme von Kindern. Sie erweist sich also zunehmend als eine wichtige Stütze der «Royal Firm».

Was immer wieder gern gelesen wird

Neuigkeiten von den «Royals» bieten in England immer guten Nachrichtenstoff, vor allem, wenn sie ein bißchen nach Skandal riechen.
Viel Stoff zum Klatsch lieferte in früheren Jahren Prinzessin Margaret, die Schwester der Königin. 1955 zeigte sie Neigung, den Airforce-Captain Peter Townsend zu heiraten, der aber – seit 1936 für den Buckingham Palast eine

schreckliche Vorstellung – von seiner ersten Frau geschieden war. Kirche und Königin brachten sie mit viel Feingefühl davon ab. Darauf heiratete sie 1960 den renommierten Photographen Anthony Armstrong-Jones, der bald darauf zum Earl of Snowdon erhoben wurde. Doch 1976 trennten sich die beiden, und 1978 – die Zeiten hatten sich geändert – wurden sie geschieden. Margaret wohnt jetzt im «Tantenflügel» des Kensington Palastes, in dem auch Prince Charles und Diana ihre Residenz haben.

Immer wieder Neues gab es auch über den gutaussehenden Prinzen Andrew zu berichten. Er zeigte sich wesentlich unbefangener als sein älterer Bruder Charles. «Randy Andy» nannten ihn die Zeitungen wegen seiner häufig wechselnden Freundinnen, «scharfer Andy». Mit besonderer Spannung verfolgte man sein Verhältnis zu einer gutgebauten Filmdarstellerin, die so leichtbekleidet aufgetreten war, daß die Presse sie zum «Soft-Porn-Star» deklarierte. Inzwischen aber hat er alles wieder gutgemacht. Er war Helikopter-Pilot der Royal Navy im Falklandkrieg und Fallschirmspringer bei der Royal Airforce, ist heute mit Sarah Ferguson verheiratet, Vater von zwei kleinen Töchtern und Duke of York.

Noch nicht so weit hat es Edward gebracht, der 1964 geborene jüngste Sohn der Königin. 1987 verpflichtete er sich zunächst bei den Royal Marines, fand dann aber den Dienst zu hart und zu geisttötend und meldete sich kurzerhand wieder ab. Nach einem unglücklichen Debüt als Autor einer Fernseh-Sa-

Luftaufnahme von Windsor Castle, wo die Königin oft ihre Wochenenden verbringt. Der Rundturm stammt aus der Zeit Heinrichs II.

Oben: Waterloo Chamber, von König Georg IV. als Erinnerungsraum an den glorreichen Sieg der Alliierten über Napoleon konzipiert.

Rechts: Der Große Empfangssaal von Windsor Castle.

tire ging er in der Really Useful Company des «Cats»-Komponisten Andrew Lloyd Webber in die Lehre und wurde neuerdings hin und wieder als Moderator im Frühstücks-TV gesehen.
Ein schlechtes Verhältnis zur Presse hatte jahrelang Prinzessin Anne, die Tochter der Königin. Das hat sich nicht nur durch ihre Erfolge bei Reit-Turnieren geändert, sondern vor allem durch die Energie, mit der sie sich ihrem Amt als Präsidentin des Kinderhilfswerks «Save the Children Fund» widmet. Heute rühmen Journalisten ihr nach, daß kein anderes Mitglied des Königshauses so beschwerliche Reisebedingungen auf sich genommen hat wie sie, wenn es darum geht, Hilfsaktionen in Slums oder Hungergebieten der Dritten Welt einzuleiten.
Im November 1973 heiratete sie in der Westminster Abbey ihren Reiterfreund, den Artillerie-Hauptmann Mark Phillips. Jahrelang galten die beiden wegen ihres gemeinsamen Interesses an Landleben, Pferden und schnellen Wagen als

Oben und rechte Seite: Sandringham House ist Privatbesitz der Königin. Königin Victoria erwarb das Gut und Herrenhaus 1862 für ihren ältesten Sohn, den späteren König Edward VII.
Sandringham, wo die königliche Familie gerne zur Jagd geht und ihre Weihnachtsferien verbringt, hat eher den Charakter eines Landsitzes als eines Königsschlosses. In seinen Räumen repräsentiert man nicht, hier lebt man.

Rechts: Die meisten Windsors haben sich in Sandringham besonders wohl gefühlt. Das gilt auch für die gegenwärtige Hausherrin Königin Elizabeth II.

ein ideales Paar, doch 1989 bereicherte ihr Privatleben die Klatschspalten, als Briefe eines königlichen Stallmeisters an die Prinzessin bei einer Zeitung landeten und ein stadtbekanntes Callgirl über seine Reitstunden bei Mark Phillips plauderte. Inzwischen ist Anne von ihrem Mann getrennt. Ihre beiden Kinder Peter und Zara leben auf dem Lande und sollen «so normal wie möglich» aufwachsen und auch nicht in den «Familienbetrieb» der Windsors einbezogen werden. Aus diesem Grund hat Anne auch die Titel Prinz und Prinzessin für sie abgelehnt.

Soll und Haben

Ein zwiespältiges Bild: Majestätische Unnahbarkeit und recht strenge Bewahrung der königlichen Tradition einerseits, immer wieder mal ein kleiner Skandal für die Boulevardpresse andererseits. Selbst bei Kritikern sind drei Verdienste des Königshauses unbestritten. Einmal hat sich die Krone als wirksame Klammer des Commonwealth er-

Unten: Auf Schloß Balmoral in Schottland verbringt die Königin ihre Sommerferien. Königin Victoria und Prinz Albert, die Balmoral als Familienbesitz erwarben, paßten sich sehr schnell den Lebensgewohnheiten des Hochlandes an. Das gilt auch für Elizabeth und Philip, wenn sie in Schottland Urlaub machen.

Rechte Seite: Der Palast von Holyroodhouse in Edinburgh ist die offizielle Residenz der Königin in Schottland. Wie in London lädt sie auch hier einmal im Jahr zu einer Garten-Party ein.

wiesen, jenes losen Verbundes von selbständigen Staaten, der ein ferner Abglanz des einst so mächtigen Empires ist. Zum anderen fördert der Schauwert von «Pomp and Circumstance» und der historischen Aufzüge bei besonderen Anlässen den Touristenverkehr – vor allem natürlich bei Hochzeiten. Und schließlich nützen königliche Auslandsreisen dem Export. Allein der Besuch von Charles und Diana 1985 in den USA soll der britischen Industrie Aufträge im Wert von mehr als 500 Millionen Pfund eingebracht haben.
Zum Ärger mancher Steuerzahler hat das natürlich seinen Preis. «All the Queens horses and all the Queens men», die Paläste, Staatskarossen und Ehrengarden kosten Geld. Seit 1760 verzichtet das Königshaus auf alle Einkünfte aus dem Grundbesitz der Krone und erhält dafür ein Budget vom Staat, die sogenannte Zivil-Liste. Für die Königin bewilligte das Parlament zuletzt 7,9 Millionen Pfund, rund 24 Millionen Mark im Jahr. Gut dreiviertel dieser Summe beanspruchen die Personalkosten, der Rest ist für die Verwaltung, für Reisen und Repräsentationspflichten vorgesehen. Andere Mitglieder der engeren Familie wie Prinz Philip oder die Königinmutter erhalten erheblich niedrigere Beträge, ebenfalls steuerfrei. Der Prince of Wales dagegen hat auf Geld vom Staat verzichtet. Als Herzog von Cornwall sind ihm ausgedehnte Ländereien zuge-

Unten: Die königliche Yacht «Britannia» vor Sizilien. Das über 125 Meter lange Schiff wird vor allem zu Repräsentationszwecken eingesetzt, in Kriegszeiten kann die Yacht, als Schiff der Royal Navy, zum schwimmenden Krankenhaus umfunktioniert werden.

Rechte Seite: Die «Queen Elizabeth 2» vor der Skyline von New York. 1970 machte das Schiff als Ersatz für die seeuntüchtig gewordenen «Queen Elizabeth» und «Queen Mary» seine Jungfernfahrt. Die «QE2» der Cunard Line überquert im Sommer als Linien-Passagierschiff den Ozean, im Winter verwöhnt sie die Gäste auf luxuriösen Kreuzfahrten.

fallen, auf denen er mit Pächtern und Landarbeitern moderne Agrarwirtschaft betreibt. Damit nimmt er über eine Million Pfund im Jahr ein, von denen er freiwillig 25 Prozent an den Fiskus abführt.
Allerdings erscheinen Ausgaben für das Königshaus auch außerhalb der Zivil-Liste in anderen öffentlichen Etats. Der Buckingham Palast zum Beispiel gilt nicht als Privateigentum der Königin. Für den Unterhalt kommt daher das Umweltministerium auf. Die Transportkosten werden weitgehend vom Verteidigungsministerium übernommen, bei dem Wartung und Personal für die Maschinen der königlichen Luftflotte und für die königliche Yacht «Britannia» mit rund 40 Millionen Mark zu Buch schlagen. Dafür kann die Yacht im Ernstfall in kurzer Zeit in ein Hospitalschiff umgerüstet werden.
In Großbritannien wird immer wieder darüber spekuliert, wie groß das private Vermögen der Windsors ist, doch die Queen verrät es nicht. Die Schätzungen gehen in die Milliarden, nur soviel ist sicher: Alles, was Grundbesitz, Immobilien und Aktienkapital der Königin einbringen, kann sie sofort wieder nutzbringend investieren, ohne daß der Staat mitverdient. Die Queen genießt das Privileg, daß sie weder Einkommens- noch Kapitalertrags- oder Vermögenssteuer zu zahlen braucht.
Der vielleicht wertvollste Teil ihres Vermögens wirft freilich keine Erträge ab – die von den Vorgängern angelegte und ständig erweiterte königliche Kunstsammlung mit Gemälden von Rembrandt, Rubens und van Dyck, mit vielen tausend Zeichnungen und Aquarellen, vor allem aber mit zahlreichen Objekten aus der weltweit bekannten Juwelierwerkstatt Fabergé im alten St. Petersburg. Mit diesen Schmuckstücken allein konnte die Königin 1985 eine Ausstellung für die Öffentlichkeit bestreiten. Eines der berühmtesten Objekte hat Königin Mary, die Frau Georgs V., erworben – ein akribisch gearbeitetes Mosaik-Ei aus Gold und Platin, besetzt mit Diamanten, Rubinen und Smaragden, das Zar Nikolaus II. zu Ostern 1914 für seine Frau anfertigen ließ.

CUNARD

Unten: Krönungsstuhl in der Westminster Abtei mit dem berühmten «Stone of Destiny» unter der Sitzfläche. Seit dem 14. Jahrhundert werden alle britischen Monarchen auf diesem Stuhl gekrönt. Heute ist Großbritannien die einzige Monarchie, die ihre Könige nicht zur Verfassung vereidigt, sondern feierlich krönt.

Und eines Tages Charles III.

Elizabeth II. ist mittlerweile weit über sechzig und Charles ist schon über vierzig – kein Wunder also, daß außerhalb des Hofes immer wieder darüber diskutiert wird, ob die Königin nicht trotz ihrer reichen staatsmännischen Erfahrungen vorzeitig zurücktreten sollte, damit ihr Sohn nicht wie einst Edward VII. schon über fünfzig ist, wenn er endlich König werden darf. Nun hat Edward nie in gleicher Weise das Vertrauen seiner Mutter genossen wie Charles, außerdem sind sowohl Elizabeth I. als auch Victoria bis weit über 65 im Amt geblieben – gegen einen vorzeitigen Abschied aber spricht vor allem, daß allein schon das Wort «Abdankung» seit dem Dreikönigsjahr 1936 bis heute im ganzen Königshaus Schauder auslöst.

Wie es aussieht, werden Königin Elizabeth II. und der Thronfolger noch eine lange Strecke gemeinsam zurücklegen, bevor er als dritter Charles in der englischen Geschichte die Nachfolge antritt. Der Prinz könnte auf diese Weise noch weiter seinen vielen Interessen nachgehen und zugleich der Mutter allmählich immer mehr Amtsbürden abnehmen. Besonders königstreue Briten haben auch einen Trost parat: Wird ein vereinigtes Europa nicht eines Tages auch einen konstitutionellen Monarchen brauchen, einen König oder vielleicht sogar einen Kaiser? Und wäre dann nicht ein Monarch aus dem Hause Windsor genau das Richtige?

Nüchterner ist die Einschätzung eines alten Palast-Intimus: «Ich glaube, die Königin wird, sofern ihre Gesundheit es zuläßt, bis zur Feier ihres goldenen Kronjubiläums im Amt bleiben.» Das Jahr, in dem Elizabeth II. auf 50 Jahre Thronerfahrung zurückblickt, wäre das Jahr 2002.

DAS HAUS WINDSOR

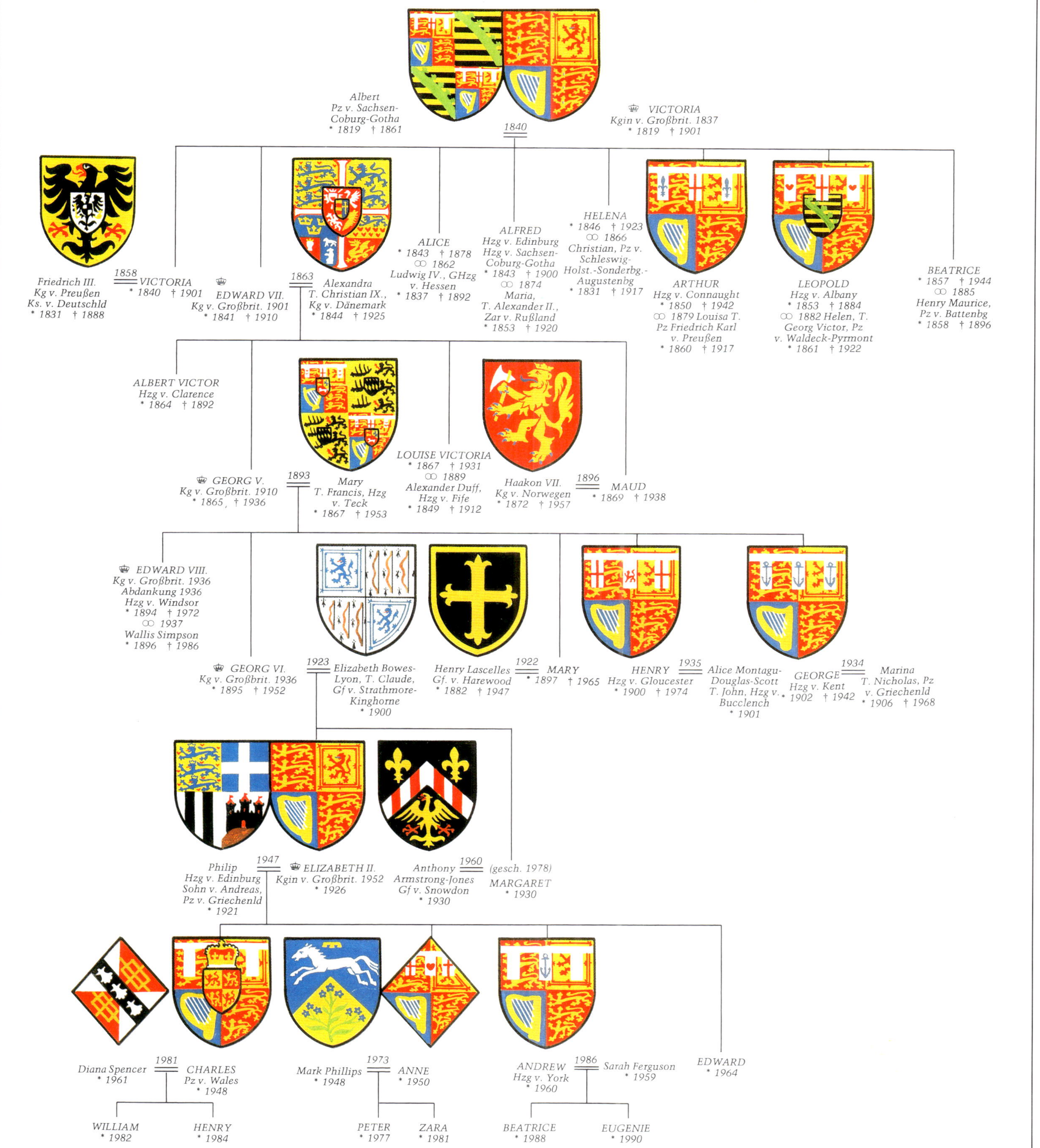

NIEDERLANDE

Ein Königreich sind die Niederlande erst seit 1815, doch der erste König kam ganz selbstverständlich aus dem Haus Oranien-Nassau, deren Prinzen schon seit mehreren Jahrhunderten als Statthalter in dem Land geherrscht hatten. Die Oranier übten auch den bestimmenden Einfluß aus, als die Niederlande gegen Ende des 16. Jahrhunderts eine Republik bildeten, die ihre Unabhängigkeit im Westfälischen Frieden von 1648 behauptete. Dank des Gewürzhandels der Ostindischen Kompagnie und mit kolonialen

In den Niederlanden ist die Krone das Symbol der niederländischen Staatsform als souveräner Monarchie. Sie wurde 1840, zusammen mit Zepter und Reichsapfel, im Auftrag von König Willem II. hergestellt. Nur einmal, bei der Krönung Willems II. (1840) wurde die Krone im Krönungsgefolge mitgeführt.

Besitztümern in Afrika, Asien und Amerika stieg das Land zur weltweiten See- und Handelsmacht auf. In diese Epoche fiel auch das «Goldene Zeitalter» der niederländischen Malerei. Zweihundert Jahre vor Vincent van Gogh schufen damals Frans Hals aus Haarlem und Jan Vermeer van Delft, Pieter de Hooch und Jan Steen, die Ruisdaels und vor allem Rembrandt ihre Bilder, die inzwischen in allen großen Museen der Welt zu sehen sind. Europas Geistesleben wurde währenddessen von zwei überragenden Denkern aus den Niederlanden befruchtet: Von dem Philosophen Baruch de Spinoza, dessen Schriften zwar zu seinen Lebzeiten meist nur anonym erschienen, aber nach seinem Tode die Gedankenwelt von Leibniz, Lessing, Herder, Schleiermacher und Goethe beeinflußten, und von dem Juristen Hugo Grotius, der mit seinem Werk «Vom Recht in Krieg und Frieden» das moderne Völkerrecht begründete. Es erscheint nur folgerichtig, daß in Den Haag wiederholt Friedenskonferenzen tagten und daß die niederländische Hauptstadt vom Völkerbund wie von den Vereinten Nationen zum Sitz des Internationalen Gerichtshofes bestimmt wurde. Nach der Verfassung des Landes ist die Krone sowohl in männlicher, als auch in weiblicher Linie erblich und geht auf das jeweils älteste Kind über. So kommt es, daß die Holländer in diesem Jahrhundert dreimal die Thronbesteigung einer Königin feiern konnten – zuletzt 1980 den Amtsantritt von Königin Beatrix.

ANGESTAMMT SEIT 500 JAHREN

Eine Karte der Niederlande mit vielen farbigen Markierungen gibt Auskunft darüber, welche Städte und Gemeinden die Königin in den letzten Monaten besucht hat und wo ein Besuch geplant ist. Wenn ein Landstrich keinen einzigen bunten Punkt aufweist, bedeutet das, daß diese Gegend vernachlässigt worden ist und die Monarchin sich dort dringend einmal sehen lassen muß. Auf diese Karte richten sich die Blicke des Planungskomitees, das einmal in der Woche mit Königin Beatrix und Prinz Claus am runden Tisch sitzt und auf Wochen, Monate und manchmal Jahre hinaus die öffentlichen Auftritte der Königsfamilie organisiert.

DIE MONARCHIE MUSS FUNKTIONIEREN

Für Königin Beatrix ist die langfristige Planung eine entscheidende Vorbedingung dafür, daß die Monarchie in den Niederlanden funktioniert – und selbstverständlich muß dabei auch die Familie funktionieren, wie denn überhaupt «funktionieren» eines ihrer Lieblingswörter ist. Bei ihren Ausflügen ins Land besucht sie nicht nur die Rathäuser, sondern spricht vielfältige Themen an – hier den Wohnungsbau, dort die Drogenproblematik, anderswo die Situation von Minderheiten, neue Erziehungsprojekte oder auch Versuchsanlagen für Abfallrecycling. Oft läßt sie sich von Sachbearbeitern aus den zuständigen Ministerien begleiten und bringt sie ins Gespräch mit den Betroffenen. Dabei kann es dann auch mal passieren, daß sie in einer psychiatrischen Anstalt von einem Patienten angerempelt wird, weil der sie nicht erkennt und fremde Frauen in der Männerabteilung für unpassend hält.

In Den Haag sagt man Beatrix nach, daß sie mehr offizielle Dokumente und Unterlagen liest als mancher Minister. Sie selbst gibt sogar zu, daß sie die Lektüre «guter Bücher» auf den Urlaub verschieben muß, weil sie im Alltag nicht dazu kommt. Ihrem Hang zum Perfektionismus folgte sie auch bei der Restaurie-

Linke Seite: Als sie 18 geworden war, legte Königin Wilhelmina 1898 den Verfassungseid ab. Ihr Vater Wilhelm III. war schon 1890 gestorben, bis zu Wilhelminas Volljährigkeit hatte ihre Mutter Königin Emma die Regentschaft geführt. (Gemälde von N. v. d. Waay.)

Links: Wilhelm III. bestieg den Thron 1849. Als er 1890 starb, hatte er seine drei Söhne überlebt, so daß der Thron an seine zehnjährige Tochter Wilhelmina fiel.

Unten: Königin Wilhelmina im Jahre 1918. Anders als ihr Vater verzichtete sie mit 68 Jahren auf den Thron. Ihr folgte 1948 ihre Tochter Juliana.

Unten: Juliana bei ihrer Vereidigung am 6. September 1948. An ihrer Seite der Prinzgemahl Bernhard zur Lippe-Biesterfeld, den sie 1937 geheiratet hatte.

Unten: Beatrix im Jahre 1980, als ihre Mutter Juliana zu ihren Gunsten abgedankt hatte, auf dem Balkon des Paleis op de Dam.

rung des königlichen Amtssitzes, einem 1640 erbauten Schloß an der Straße Noordeinde. Jede Generation hat etwas hinzugefügt, hat mit Einrichtungsstükken und Mobiliar ihr Zeugnis hinterlassen, sagt sie – und so wolle sie es auch halten und dabei Altes und Neues harmonisch verbinden. So trennen schräg abgeschnittene, bunt bemalte Türen von Marte Röling den vorderen vom hinteren Trakt des Schlosses, die Treppenhauswand im Gästeflügel schmückt ein Design aus Knöpfen, das der Computerkünstler Peter Struycken entworfen hat. In ihrem Arbeitszimmer hängen moderne Wandteppiche neben den Porträts der Vorfahren.

Ihre drei Söhne, die alle mittlerweile über 20 sind, bewundern den Perfektionsdrang ihrer Mutter, aber sie amüsieren sich zuweilen auch über ihn – wie etwa über die Akkuratesse, mit der sie den Versand von Weihnachtsgeschenken in alle Welt organisiert. Früher wurden Königskinder von Gouvernanten und Hauslehrern erzogen, erzählt Beatrix, doch sie betont, daß das für sie nicht in Frage käme. Also hat sie sich selbst um die Schulausbildung ihrer Söhne gekümmert und mit den Lehrern und Schulleitern gesprochen. Obwohl sie klassische Musik schätzt, seit Ehemann Claus ihr das Ohr dafür geschärft hat, ertrug sie geduldig die Popmusik, die laut aus den Zimmern der Jungen drang. Nicht bekannt wurde allerdings, was sie zu dem Foto sagte, das unlängst durch die internationale Presse ging und die drei Prinzen nach einem Disco-Besuch hingelümmelt auf einer Polsterbank zeigte. Wie es dazu hieß, hatte sich die Polizeigewerkschaft beim Hof über die aufgelaufenen Überstunden der Sicherheitsbeamten beschwert.

Unten: Beatrix Wilhelmina Armgard wurde am 31. Januar 1938 in Baarn auf Schloß Soestdijk geboren. Sie war die älteste von vier Töchtern.

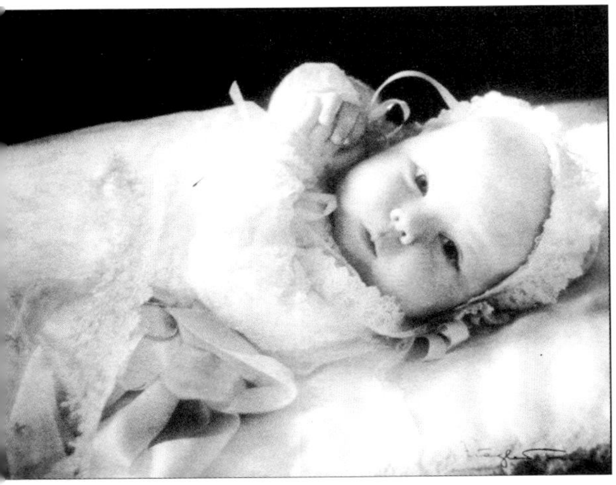

Rechts: Nach dem Ende des Zweiten Weltkriegs kehrte die Königsfamilie am 4. August 1945 aus dem kanadischen Exil zurück. Prinz Bernhard spielte im Krieg eine wichtige Rolle für die Niederlande.

Der Stammvater wurde gemeuchelt

Mit ihrem Königshaus sind die Niederlande schon seit dem Jahr 1403 verbunden. Damals erwarb Engelbrecht Graf von Nassau durch Heirat große Besitztümer in den «niederen Landen» und erlangte nicht zuletzt dadurch eine einflußreiche Stellung am Hof der burgundischen Fürsten, die über das Land herrschten. Das änderte sich auch nicht, als der burgundische Besitz um 1500 durch Erbfolge an die Habsburger fiel. Die Grafen von Nassau mehrten ihren Besitz auch unter Karl V., dem König von Spanien und Kaiser des Heiligen Römischen Reiches Deutscher Nation. Dem letzten direkten Nachkommen Engelbrechts gehörte überdies auch das Fürstentum Orange in Südfrankreich, mit dem der Titel «Prinz von Oranien» verbunden war. Sein Erbe Wilhelm, 1533 in Dillenburg in Hessen geboren, erhielt den Titel Prinz Wilhelm von Oranien, Graf von Nassau. Er gilt als Stammvater des niederländischen Fürstenhauses und Begründer des nieder-

Oben: Juliana, damals noch Kronprinzessin, und Prinz Bernhard 1947 mit ihren Töchtern (von links nach rechts) Beatrix, Juliana mit Marijke (jetzt Christina), Margriet und Irene.

Ganz unten links: In ihrer Jugend widmete sich Beatrix begeistert dem Reitsport, einer Leidenschaft, die sie mit ihrem Vater teilte. Die Aufnahme aus dem Jahr 1959 zeigt sie als elegante Reiterin.

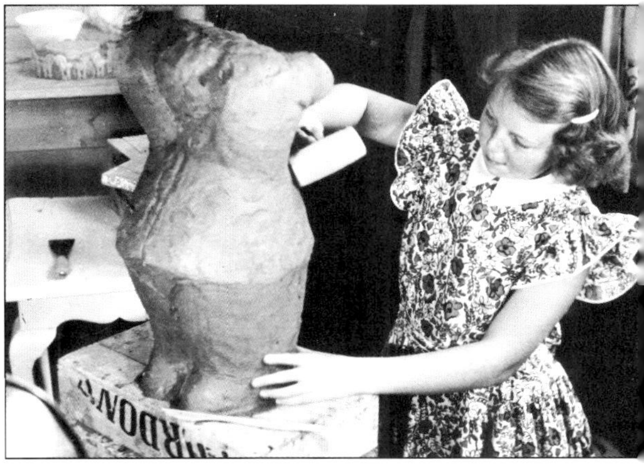

Oben und unten: Beatrix als Schulmädchen während des Kunstunterrichts und mit ihren Schwestern auf dem Schulweg. Wie alle anderen Kinder besuchten die vier Prinzessinnen eine öffentliche Schule.

ländischen Staates, obwohl er 1559 zunächst nur Statthalter der Provinzen Holland, Seeland und Utrecht wurde, also Stellvertreter des weit entfernt in Madrid residierenden Landesherrn.
Dieser Landesherr war Philipp II., der sein Reich streng zentralistisch regierte und sich überdies verpflichtet fühlte,

Unten: Am 30. April 1980 unterzeichnete Königin Juliana, inzwischen 71 geworden, ihre Abdankungsurkunde und stellte ihre Tochter Beatrix als neue Königin vor. Im Hintergrund Prinz Claus und Prinz Bernhard.

Rechts: Während der Feierlichkeiten zur Hochzeit von Königin Beatrix mit Claus von Amsberg am 10. März 1966 kam es in Amsterdam zu schweren Unruhen.

Rechte Seite unten: In der Nieuwe Kerk in Amsterdam am 30. April 1980.

die Christenheit im katholischen Glauben unter spanischer Führung zu einen. Unter ihm reichte der Arm der Inquisition bis hinauf zu den Niederlanden, in denen sich die Lehre Calvins ausgebreitet hatte. Die nördlichen Provinzen wehrten sich gegen die Beschränkung ihrer Glaubensfreiheit, ebenso aber auch gegen eine immer drückendere Steuerlast. Der bewaffnete Freiheitskampf wurde von Wilhelm von Oranien angeführt und endete mit einer Spaltung der Niederlande: Die sieben nördlichen Provinzen schlossen sich in der Union von Utrecht zusammen und erklärten 1581 ihre Unabhängigkeit von der spanischen Krone, während die südlichen Provinzen Flandern und Brabant, das heutige Belgien, von den Spaniern zurückerobert wurden. Drei Jahre nach der Unabhängigkeit wurde Wilhelm von der Rache Philipps II. ereilt: in Delft fiel er 1584 einem Meuchelmörder zum Opfer.

Vom Statthalter zum König

Es war die Republik der Sieben Vereinigten Niederlande, die aus dem blutigen Freiheitskampf hervorging. Die gesetzgebende Gewalt lag bei den Generalstaaten, in denen jede Provinz eine Stimme hatte. Für die ausübende Gewalt, vor allem in Kriegszeiten, behielt man das Amt des Statthalters bei, der auch weiterhin aus dem Hause Oranien kam. Nach außen mehrte vor allem die 1602 gegründete Ostindische Kompanie den Wohlstand des jungen Staates, der zur führenden See- und Handelsmacht Europas aufstieg und über Kolonialgebiete in Asien und Amerika herrschte. Im Inneren befruchtete die neugewonnene Freiheit die Wissenschaften und die Künste: Der Philosoph Baruch de Spinoza und der Völkerrechtler Hugo Grotius, die Maler Pieter de Hoogh, Frans Hals und Jan Vermeer, Jan Steen, Adriaen van Ostade, Jacob van Ruisdael und vor allem Rembrandt brachten die kulturelle Blüte im 17. Jahrhundert, dem «Goldenen Zeitalter» der Niederlande, hervor.

Zweimal kam die Republik über Jahrzehnte hin auch ohne Statthalter aus, doch jedesmal, wenn ein Krieg drohte, wandte sie sich an einen Oranier – einmal an Prinz Wilhelm III., das andere Mal an Prinz Wilhelm IV. – und machte ihn zum obersten Kriegsherrn. Gegen Ende des 18. Jahrhunderts freilich, als die holländische Vormacht zur See schon lange an England verlorengegangen war, gab es keine Rettung mehr: 1795 eroberten französische Revolutionstruppen das Land und machten es unter dem Namen «Bataafsche Republiek» zu einem Vasallenstaat Frankreichs. 1810 schloß Napoleon die Niederlande kurzerhand an Frankreich an.

Als nach dem Sturz des Kaisers die europäischen Mächte auf dem Wiener Kon-

greß die nördlichen und südlichen Provinzen zum Königreich der Vereinigten Niederlande zusammenfügten, gab es keinen Zweifel, daß ein Oranier der erste König sein würde. So bestieg 1815 der älteste Sohn des letzten Statthalters der vornapoleonischen Zeit unter dem Namen Wilhelm I. den Thron. Bald kam es jedoch zu unüberbrückbaren Spannungen zwischen den überwiegend protestantischen Provinzen im Norden und den vormals spanisch-österreichischen Niederlanden im Süden, die überwiegend katholisch waren. 1830 trennten sich die Wege – im Süden entstand das Königreich Belgien.

Das Jahrhundert der Königinnen

Einige Jahre später zeigte Wilhelm I. eine Unbefangenheit, die das Haus Oranien seither wiederholt an den Tag gelegt hat, und dankte im Alter von 68 Jahren zugunsten seines Sohnes ab. In die

Unten und ganz unten: Beatrix und Claus an ihrem Verlobungstag.

Die Entscheidung von Beatrix, nach Wilhelmina und Juliana, auch einen Deutschen zum Ehemann zu nehmen, führte in den Niederlanden zu lebhaften Diskussionen und Protesten. Aus Anlaß ihrer Verlobung gaben Beatrix und Claus von Amsberg, flankiert von Königin Juliana und Prinz Bernhard, am 28. Juni 1965 eine vielbeachtete Pressekonferenz auf Schloß Soestdijk.

Regierungszeit von Wilhelm II. (König von 1840 bis 1849) fiel die Verfassung von 1848, in der die Stellung von König und Parlament auf dem Boden einer konstitutionellen Monarchie festgeschrieben wurde. Ihm folgte sein Sohn Wilhelm III. (1849 bis 1890), der bis ins hohe Alter regierte. Als er starb, hatte er seine drei Söhne überlebt, so daß der Thron an seine erst zehnjährige Tochter fiel, für die zunächst Königin Emma, ihre Mutter, die Regentschaft übernahm. 1898 leistete Königin Wilhelmina dann den Eid auf die Verfassung.

Während des Ersten Weltkrieges wurde zwar Belgien trotz seiner erklärten Neutralität in Mitleidenschaft gezogen, nicht aber die Niederlande. Bei Kriegsende nahm Wilhelmina an, daß der

deutsche Kaiser als oberster Kriegsherr bis zuletzt bei seinen Truppen bleiben würde. Um so erstaunter und entsetzter war sie, als Kaiser Wilhelm II. sie statt dessen um Asyl bat. Sie zögerte lange – «So unglaublich fand ich diese Handlungsweise», vermerkte sie in ihren Erinnerungen –, doch dann erlaubte sie, daß sich der Kaiser und auch seine Familie in Holland niederließen. Als die alliierten Regierungen seine Auslieferung verlangten, beharrte sie konsequent auf dem Asylrecht.

Mit Beginn des Zweiten Weltkriegs war die Friedenszeit vorbei: Im Mai 1940 fiel die deutsche Wehrmacht ein, bombardierte Rotterdam und machte das Land zum Schlachtfeld. Die Königin flüchtete erst am letzten Tag vor der vollständigen Besetzung mit einem britischen Zerstörer von Hoek van Holland nach England und schickte später ihre Tochter Juliana mit den Enkelkindern nach Kanada. 1944/45 wurde das Land nach schweren Kämpfen von den Alliierten befreit, und schon vier Jahre darauf folg-

Oben und unten: Am 10. März 1966 heirateten die Thronfolgerin Beatrix und Claus von Amsberg in der Westerkerk in Amsterdam.

Nach der Trauung stellten sich Familie und Brautjungfern zum offiziellen Hochzeitsfoto auf.

te Königin Wilhelmina dem Beispiel ihres Urgroßvaters und dankte 68jährig ab. Nachfolgerin war ihre einzige Tochter Juliana, die inzwischen Mutter von vier Töchtern war.

Der fliegende Holländer

Die Niederländer haben sich daran gewöhnt, daß seit der Jahrhundertwende nur Frauen auf dem Thron sitzen. Weniger erbaut waren manche Kreise davon, daß jede Königin einen «Mof», einen Deutschen, zum Prinzgemahl erkor. Wilhelmina hatte sich mit einem Herzog von Mecklenburg-Schwerin vermählt. Er hatte jedoch keinerlei Befugnisse, stand stets unauffällig in ihrem Schatten und starb fast drei Jahrzehnte vor ihr. Als ihre Tochter Juliana mit 27 noch immer unverheiratet war, empfah-

Unten: Mit Willem-Alexander wurde dem Haus Oranien-Nassau am 27. April 1967 nach 116 Jahren zum ersten Mal wieder ein Sohn geboren.

Unten: Auf Willem-Alexander, den heutigen Kronprinzen, folgten am 25. September 1968 Johan Friso und am 11. Oktober 1969 Constantijn.

len Freunde einem jungen deutschen Adligen, sich doch einmal in Igls bei Innsbruck sehen zu lassen, wo Königin und Kronprinzessin im Olympiajahr 1936 ihren Winterurlaub verbrachten. Über diese Begegnung schrieb Königin Wilhelmina selbst: «In Igls besuchte uns Bernhard zur Lippe-Biesterfeld, der mit seinem kleinen Ford aus Paris gekommen war. Er schloß sich für einige Tage unserer Gesellschaft an und nahm mit Juliana Skiunterricht. Juliana und er sahen sich danach in Garmisch-Partenkirchen bei den Wettkämpfen wieder. Was folgte, läßt sich denken!»
Außerdem folgten mehrere Besuche «streng inkognito» in den Niederlanden und dann ein ausgiebiger Sommerurlaub. «Wir fanden in der Schweiz einen ziemlich ruhigen Ort, wohin er mehr oder weniger unbeachtet kommen konnte», notierte Wilhelmina. «Während dieses Urlaubs verlobten sich Juliana und Bernhard, zunächst noch heimlich.» Daheim in den Niederlanden hoben sich einige Augenbrauen, als die Verlobung offiziell bekanntgegeben und der Hochzeitstermin für 1937 anberaumt wurde, denn Bernhard zur Lippe-Biesterfeld war nacheinander SA-Anwärter und Mitglied erst des NS-Fliegerkorps und dann des SS-Motorsturms gewesen. Er erklärte das mit einem Hang zum Opportunismus: Das Braunhemd hätte seine Professoren günstig beeindruckt, außerdem flog er gern und fuhr auch gern Auto.
Die Niederländer hatten bald Gelegenheit, ihm seine Jugendsünden zu verzeihen, denn nach dem deutschen Überfall im Sommer 1940 kämpfte er an ihrer Seite gegen die Wehrmacht, und im Exil in England flog er sogar Kampfeinsätze mit. Damit hatte sich Bernhard in den Augen seiner Landsleute erheblich aufgewertet. Als Wilhelmina 1948 abdankte und Juliana (geboren 1909) den Thron bestieg, ließ der Prinzgemahl in einem Interview selbstbewußt verlauten: «Das Land wird von meiner Frau regiert, innerhalb unserer vier Wände bestimme ich.» Gleichzeitig engagierte er sich für die niederländische Wirtschaft, übernahm Vorstandsposten in mehreren Gesellschaften, vor allem aber reiste er in der Welt umher und brachte der Industrie ansehnliche Exportaufträge mit. Bald nannte man ihn den «königlichen Kaufmann» oder auch den «fliegenden Holländer».
In den fünfziger Jahren gewann Prinz Bernhard zusätzlich an Beliebtheit, als er dem Treiben der obskuren Gesundbeterin Greet Hofmans ein Ende machte, die Juliana aus Sorge um ihre fast blinde jüngste Tochter nach Schloß Soestdijk geholt hatte. Auch Ehrenämter nahm er in großer Zahl an, zeitweise soll er mehr als 300 gehabt haben. So organisierte er

Links: Die drei Prinzen 1972 (von links nach rechts) Constantijn, Johan Friso und Willem-Alexander.

Links unten: Willem-Alexander 1982 im Fußballtor.

Unten: Inzwischen sind die drei Königskinder erwachsen. Sie haben ihre Eltern an Popmusik gewöhnt und sind auch einem Disco-Besuch nicht abgeneigt.

die internationalen «Bilderberg-Konferenzen», auf denen sich einflußreiche Persönlichkeiten aus Wirtschaft und Politik unter Ausschluß der Öffentlichkeit über Probleme der Weltpolitik austauschten. Er setzte sich als Präsident des «World Wildlife Fund» für den Schutz bedrohter Tierarten ein, und als Vorsitzender der «Stiftung für europäische Kultur» sorgte er so erfolgreich für die Finanzierung des Erasmus-Preises für kulturelle Leistungen, daß ihm der Europa-Rat in Straßburg 1960 den Europa-Preis verlieh.

«Raus mit Claus»

Die königliche Familie lebte in diesen Jahren auf Schloß Soestdijk bei Hilversum, und die vier Prinzessinnen gingen wie alle anderen niederländischen Kinder auf eine öffentliche Schule. Die Holländer freuten sich darüber, daß sie manchmal auf dem Fahrrad vom Schloß in die Schule fuhren und sich auf dem Rückweg mit ihren Freundinnen anderer Leute Äpfel schmecken ließen. Julianas älteste Tochter Beatrix Wilhelmina Armgard (geboren 1938) machte 1956 das Abitur und wurde als Thronfolgerin noch im selben Jahr Mitglied des niederländischen Staatsrates. Wie ihre Mutter studierte sie an der Universität Leiden. Ihre Fächer waren Soziologie, Rechtswissenschaft, Geschichte. Wie ihre

Unten: Beatrix und Claus bei einem Ausritt, Jagdschloß Het Oude Loo, 1989.

Mutter legte sie das Staatsexamen ab – Juliana in Philosophie, Beatrix in Jura. Und wie ihre Großmutter und ihre Mutter nahm auch sie einen Deutschen zum Ehemann.

Mit 21 Jahren zog Beatrix in das Schlößchen Drakensteyn unweit des elterlichen Soestdijk und lebte dort als Junggesellin. Stattlich gebaut wie die meisten Oranier, galt sie nicht als Schönheit, beliebt aber wurde sie wegen ihres Humors und ihrer steten Bereitschaft zu einem fröhlichen Lachen. Da die Boyfriends von ledigen Prinzessinnen jederzeit eine gute Zeitungsstory abgeben, schlichen sich immer wieder Reporter mit schußbereiter Kamera an Schloß Drakensteyn heran. Am 1. Mai 1965, frühmorgens um 9 Uhr, sah sich ein Fotograf aus Amsterdam vom Jagdglück belohnt: Im Park erging sich die Thronfolgerin Arm in Arm mit einem jungen Mann und lief ihm direkt ins Teleobjektiv.

Leider waren die Bilder nicht sehr scharf, außerdem wußte niemand zu sagen, wer der junge Mann war. Die niederländische Presse übte Diskretion und lehnte eine Veröffentlichung ab. Der Londoner «Daily Express» hingegen war weniger zimperlich und druckte das Pärchen im Park am 6. Mai. Einen Tag darauf war der unbekannte Begleiter identifiziert: ein gewisser Claus von Amsberg aus Dötzingen bei Hitzacker an der Elbe, 38 Jahre alt, beschäftigt beim Auswärtigen Amt in Bonn. Bald fand man auch heraus, daß die beiden schon länger befreundet waren. Schon im Sommer 1964 hatten sie sich beim Polterabend vor einer Fürstenhochzeit im Schloßhotel Kronberg im Taunus kennengelernt.

Der Lärm, der daraufhin in den Niederlanden losbrach, war beträchtlich: Schon wieder ein «Mof», noch dazu aus dem niedrigsten Adelsrang – vor allem aber ein Mann, der auf Fotos in deut-

Rechts: Der Königin sagt man nach, daß sie mehr offizielle Dokumente und Unterlagen liest als mancher Minister. Sorgfältig bereitet sie sich auf alle öffentlichen Auftritte vor und zeigt dabei einen ausgeprägten Sinn für Perfektion.

scher Uniform zu sehen war. In der Tat war Claus von Amsberg, Jahrgang 1926, in der Hitler-Jugend gewesen und noch kurz vor Kriegsende zur Wehrmacht eingezogen worden. Der Frühsommer 1965 verlief stürmisch. Kaum ein Tag ohne öffentliche Proteste, Pressekommentare, Stellungnahmen, Leserbriefe – und an den Hauswänden schließlich die Parole «Raus mit Claus».

Unten: Die Königsfamilie an Bord der königlichen Yacht «De Groene Draeck» mit Kronprinz Willem-Alexander als Kapitän (1990).

Nach 116 Jahren wieder ein Sohn

Prinz Bernhard allerdings, der Vater, hatte sich schon lange vorher festgelegt: «Die Zeit, in der die Eltern bestimmten, wen die Kinder heiraten sollen, ist vorbei.» Seine vier Töchter sollten sich ihren Ehepartner nach ihrer eigenen Neigung suchen – und dabei blieb auch Königin Juliana. Die niederländische Regierung prüfte sorgfältig den Lebenslauf des Bewerbers – sie fragte sogar in Italien nach, ob die Einheit, in der er

An jedem dritten Dienstag im September fährt die Königin in der Staatskarosse vor dem Parlamentsgebäude vor, um das neue Sitzungsjahr feierlich zu eröffnen.

gedient hatte, an Kriegsverbrechen beteiligt gewesen war – und fand nichts, was den Erwachsenen belasten konnte. Inzwischen führte die öffentliche Aufregung umgekehrt in der Bundesrepublik zu Irritationen über den EG- und NATO-Partner. Eine führende deutsche Zeitung schrieb: «Was zuviel ist, ist zuviel. Schließlich will Beatrix nicht Herrn Globke oder Herrn Seebohm heiraten.»

Nicht zuletzt wegen der außenpolitischen Auswirkungen sahen sich Regierung und Hof veranlaßt, das Verfahren zu beschleunigen, und so wurde bereits am 28. Juni 1965 die Verlobung offiziell verkündet. Am selben Tag gab das junge Paar zwei Pressekonferenzen und stellte sich den Kameras des niederländischen Fernsehens und der BBC. Beatrix und Claus beantworteten dabei auch persönliche und delikate Fragen so geschickt und gewinnend, daß hinterher der Verdacht aufkam, sie hätten sich für den öffentlichen Auftritt, der am niederländischen Hof ohne Vorbild war, von versierten Public-Relations-Leuten trainieren lassen.

Nach der niederländischen Verfassung muß das Parlament der Eheschließung eines Königskindes zustimmen. Vor der entscheidenden Sitzung im November 1965 unterschrieben 65000 Niederlän-

Königin Beatrix bei der Thronrede im Parlament. Wie in anderen konstitutionellen Monarchien verteilt sich die politische Macht in den Niederlanden auf das Parlament, die Regierung und die Königin. Die Generalstaaten – das Parlament – verabschieden die Gesetze, doch in Kraft treten sie erst, wenn die Königin sie unterschrieben hat.

der eine Bittschrift gegen die Hochzeit. Das Parlament debattierte neun Stunden lang, doch dann wurden das Heiratsgesetz und anschließend das Gesetz über die Einbürgerung von Claus von Amsberg mit großer Mehrheit angenommen. Am 10. März 1966 wurde die Hochzeit gefeiert – auf Wunsch von Beatrix in Amsterdam, dem Zentrum des Widerstands gegen ihren Mann, wo es dann auch prompt zu Demonstrationen kam.

Der eher stille, zurückhaltende Prinz Claus, wie er jetzt hieß, hatte es wesentlich schwerer als sein flamboyanter, weltläufiger Schwiegervater, sich das Wohlwollen seiner neuen Landsleute zu erwerben. Sie honorierten aber, daß er schon bald niederländisch fast ohne Akzent sprach und sich für Jugendprobleme und Entwicklungshilfe engagierte. Das größte Verdienst aber, das man ihm ebenso zugute hielt wie seiner Frau Beatrix: Zum ersten Mal seit 116 Jahren wurde im Haus Oranien wieder ein Sohn geboren – und auf Willem-Alexander (1967) folgten mit Johann Friso (1968) und Constantijn (1969) noch zwei weitere Söhne.

Skandal im Königshaus

Das Familienglück blieb nicht lange ungetrübt. Das Flair aus Repräsentation, Politik und Business, das den vielbeschäftigten Prinzen Bernhard umgab, wurde ihm 1976 zum Verhängnis. In Washington befaßte sich ein Senatsausschuß mit den Geschäftsgepflogenheiten der Flugzeugfirma Lockheed, die den Verkauf ihres Jägers F 104 «Starfighter» weltweit mit Hilfe von Bestechungsgeldern gefördert hatte. Dabei tauchte auch ein «hoher Regierungsbeamter der Niederlande» auf der Liste der Geldempfänger auf. Ein in Den Haag eingesetzter Untersuchungsausschuß brachte die schockierende Erkenntnis zutage, daß der Partner von Lockheed niemand an-

Unten: Am 20. November 1989 empfingen die Königin und der Prinzgemahl den französischen Präsidenten Mitterrand anläßlich seines Staatsbesuches in den Niederlanden.

Ganz unten: Die Königin im Januar 1986 bei einem Staatsbesuch in Indien mit dem damaligen Präsidenten Rajiv Gandhi, der im Mai 1991 einem Attentat zum Opfer fiel.

Rechte Seite: Neben ihren verfassungsgemäßen Pflichten interessiert sich Königin Beatrix für alle wichtigen Ereignisse in ihrem Land. Auf die Leistungen des niederländischen Fußballnationalteams ist sie ganz offensichtlich stolz.

ders als Prinz Bernhard gewesen war. In dem Skandal, den diese Nachricht auslöste, war von mehr als einer Million Dollar und von Briefen die Rede, in denen Bernhard eine Provision angemahnt haben sollte. Zwar konnte dem Prinzgemahl nicht nachgewiesen werden, daß er das Geld tatsächlich in Empfang genommen hatte, doch reichte der Befund zu der Feststellung, daß er «dem Lande Schaden zugefügt» habe. Er verlor sein Amt als Generalinspekteur der Streitkräfte und trat von seinen zahlreichen Vorstandsposten und Ehrenämtern zurück.

Nach diesen Vorfällen wurden unweigerlich auch Fragen nach den Verflechtungen des Königshauses mit der niederländischen Wirtschaft gestellt. Nur wenige Eingeweihte kannten den Umfang der schon von Königin Wilhelmina erworbenen und von Königin Juliana fleißig gemehrten Aktienpakete. Immer wieder taucht das Gerücht auf, die Königin der Niederlande sei die reichste Frau der Welt, immer wieder werden Schätzungen herumgereicht, die bis in die Milliarden gehen. Doch was das Königshaus tatsächlich besitzt an Aktien und Schlössern, an Grund und Boden, an Juwelen und Gemälden, blieb bis heute ein gutbewahrtes Hofgeheimnis.

Krawalle bei der Thronbesteigung

Kurze Zeit nach dem Skandal erklärte Königin Juliana, inzwischen 70 geworden, ihre Abdankung und nahm wieder den Titel «Prinzessin» an. Als Beatrix am 30. Mai 1980 feierlich den Eid auf die Verfassung ablegte, kam es in Amsterdam zu schweren Unruhen, die sich aber diesmal nicht gegen Prinz Claus richteten, sondern gegen die Wohnungsnot in der Stadt. Während die Thronbesteigung in anderen Teilen des Landes als fröhliches Volksfest gefeiert wurde, war die Zeremonie in der Nieuwe Kerk in Amsterdam von dem Lärm der erbit-

terten Straßenschlachten begleitet, die sich Polizei und «Kraker» lieferten. «Keine Wohnung – Keine Krönung» hieß die Parole der Demonstranten. Kritisiert wurde dabei auch der Ausbau des Schlößchens Huis ten Bosch am Rand von Den Haag zum Wohnsitz der fünfköpfigen Königsfamilie.
Huis ten Bosch, das «Waldhaus», wurde 1647 von der deutschen Prinzessin Amalie von Solms als Lustschlößchen erbaut. Der Mitteltrakt ist Repräsentationsräumen vorbehalten, im rechten Flügel sind Wirtschaftsräume und Gastzimmer untergebracht, den linken Flügel, der nicht größer als eine Villa ist, bewohnt die Königin mit ihrer Familie. Im ersten Stock verfügen Beatrix und Claus über Wohn-, Eß- und Schlafzimmer mit Gartenbalkon sowie über zwei Arbeitszimmer. Die Einrichtung ist modern, und modern sind auch der 20 Meter lange Swimmingpool und der Tennisplatz. Das Wohnschloß wurde zur selben Zeit restauriert wie das Stadtpalais Noordeinde, in dem die Büros des Hofes untergebracht sind und Gala- und Staatsempfänge stattfinden.
Mit dem Umzug aus der Gegend von Hilversum, wo Soestdijk und Drakensteyn liegen, wurde Den Haag wieder Residenzstadt. Dies entsprach einem ausdrücklichen Wunsch der neuen Königin, und böse Zungen sagten ihr alsbald nach, daß es Beatrix, die als eine resolute Person bekannt ist, vor allem darum ging, näher am Puls der Politik zu sein und unauffälliger Einfluß nehmen zu können. Wie in anderen konstitutionellen Monarchien verteilt sich die politische Macht auf Parlament, Regierung und Königin. Kein Gesetz kann in Kraft treten, das sie nicht unterschrieben hat, doch jedes Gesetz muß zuvor vom Parlament verabschiedet worden sein, dessen Sitzungsjahr an jedem dritten Dienstag im September von der Königin feierlich eröffnet wird. Neben den Generalstaaten, dem Parlament, gibt es als beratendes Organ den Staatsrat, dessen Präsidentin die Königin ist.
Eine wichtigere Rolle als andere europäische Monarchen spielt die niederländische Königin bei einem Regierungswechsel. Sie ernennt den «Informateur», der zur Bildung einer neuen Regierung zwischen den Parteien vermittelt. Nach Beratung mit dem Vizepräsidenten des Staatsrates, den Vorsitzenden der beiden Kammern und der Fraktionen, beauf-

Oben: Der königliche Palast «Op de Dam» in Amsterdam. Königin Beatrix verlegte 1984 den Amtssitz des niederländischen Königshauses von der Hauptstadt nach Schloß Noordeinde in Den Haag, dem Sitz der Regierung.
Rechts: Der Moses- und Aaron-Saal im Stadtpalais.

tragt sie dann den «Formateur» mit der eigentlichen Regierungsbildung. Ansonsten aber sieht man es lieber, wenn sich die Königin politischer Einflußnahme enthält und dafür ihre sozialen und kulturellen Interessen pflegt. Schon seit Jugendtagen setzt sich Beatrix für die Bekämpfung der Kinderlähmung ein, sie begeistert sich für das Theater, das Ballett und die moderne Kunst. Gerne modelliert sie auch selbst in Wachs und Ton – wie etwa die Köpfe ihrer Söhne – doch da sie sich auf ihre Amtspflichten mit besonderer Sorgfalt vorbereitet, bleibt ihr nach ihren eigenen Worten für die Künste zu wenig Zeit. Hauptsache ist, daß die Monarchie «funktioniert», auch wenn sie selbst sagt: «Meine Funktion hat vor allem symbolischen Wert und ist nur von Bedeutung, solange sie die Unterstützung des Volkes hat.»

Leibeigener der Königin?

Wenn von der Königin Zurückhaltung erwartet wird, so erst recht vom Prinzgemahl. Der lebenslustige Prinz Bernhard konnte das mit seinen weltweiten Aktivitäten in guter Fasson überspielen – bis zum Lockheed-Skandal. Danach richteten sich die Augen immer wieder argwöhnisch auf den Prinzgemahl, dem jeglicher Freiraum entzogen wurde, und

Oben: Das Schloß Noordeinde, ein 1640 erbautes Palais in Den Haag, hat Königin Beatrix mit alten und modernen Einrichtungsstücken ausgestattet und zu ihrem Amtssitz gemacht.
Rechts: Der Speisesaal mit erlesenen Kunstwerken im Schloß Noordeinde.

Bernhards Nachfolger in dieser Rolle hat darunter zu leiden. Sein Betätigungsfeld und die obligatorischen Ehrenämter sucht Prinz Claus vor allem in der Entwicklungshilfe. Aber als er 1978 eine Funktion als Sonderberater des Ministers für die Zusammenarbeit mit den Entwicklungsländern übernahm, kam in der Öffentlichkeit bis hinein ins Parlament sofort der Verdacht auf, diese Beschäftigung könne ihn zu nahe an die Politik heranführen. Während Beatrix als Königin schnell an Statur und Selbstsicherheit gewann, sah sich Prinz Claus in einen goldenen Käfig eingesperrt. Aufmerksame Beobachter hatten schon

Links: Wohnsitz der königlichen Familie ist Huis Ten Bosch am Stadtrand von Den Haag. Das «Waldhaus» wurde im 17. Jahrhundert von einer deutschen Prinzessin als Lustschlößchen erbaut und von Königin Beatrix modernisiert.

Unten: Innenansicht im Paleis Soestdijk, Wohnsitz von Prinzessin Juliana.

Folgende Doppelseite: Der «Oraniensaal» in Huis ten Bosch.

bald den Eindruck, daß er auf Huis ten Bosch dahinkümmerte.

Dieser Eindruck wurde zunächst von Fotografien bestätigt, die ihn bei offiziellen Anlässen seltsam starr und verkrampft an der Seite der Königin zeigten, und bald darauf von der Nachricht, daß er an schweren Depressionen litt und sich in der Bundesrepublik ärztlich behandeln ließ. Eine Welle des Mitgefühls ging durch die internationale Presse. Die Diagnose schien klar: Zuviele Repräsentationspflichten ohne wirklichen Einfluß und damit zuviel Leerlauf, eine zu große Abhängigkeit von seiner Frau, die er vor jedem Schritt um Rat und Erlaubnis fragen muß, wachsendes Ungenügen an seiner Rolle als «Statist am Königlichen Theater». Eine deutsche Wochenzeitung nannte ihn sogar einen «Leibeigenen der Königin». Aber selbst in den Niederlanden begann man sich zu fragen, ob es angehe, dem Prinzgemahl als einzigem Bürger des Landes die Menschenrechte vorzuenthalten – angefangen mit dem Recht auf freie Meinungsäußerung.

In den letzten Jahren scheint sich Prinz Claus gefangen zu haben. Er sucht sich möglichst sinnvolle Aufgaben und wid-

Unten: Wilhelm von Oranien gilt als der Stammvater des niederländischen Königshauses. Er führte den Freiheitskampf gegen die Spanier an und errang 1581 für die sieben nördlichen Provinzen der Niederlande die Unabhängigkeit von Philipp II. 1584 fiel er in Delft einem Meuchelmörder zum Opfer (Gemälde von Adriaan Thomaszoon Key).

met sich wieder der Entwicklungshilfe und verstärkt dem Umweltschutz. Von dem Recht auf seine Meinung machte er im März 1990 vor aller Welt auf der dritten Nordseekonferenz Gebrauch, als er den Politikern sagte, daß nicht sie, sondern die Umweltorganisationen dem Publikum die Augen geöffnet hätten, aber wenn die Nordsee nicht noch in diesem Jahrhundert zu einem toten Meer werden solle, müßten jetzt die Regierungen die Prioritäten setzen und die Rettung des Meeres als eine fundamentale Notwendigkeit ansehen.
Auch mit dieser Rede steigerte er sein Ansehen in den Niederlanden, wo er inzwischen ohnehin auf der Beliebtheitsskala weit oben steht. Schon lange kann man hin und wieder hören: «Er ist der liebste Mof, den wir in Holland haben.»

DAS HAUS ORANIEN-NASSAU

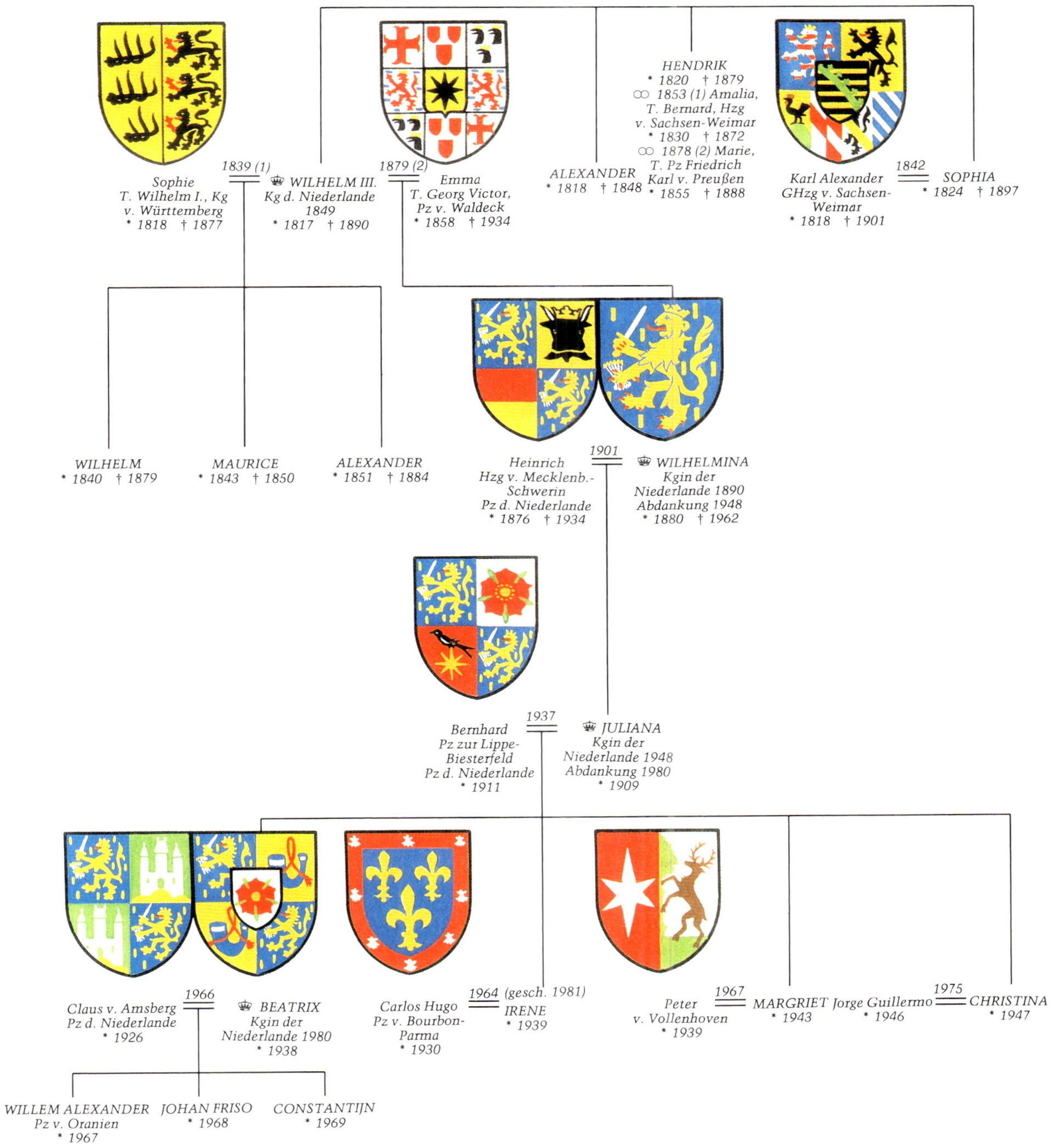

BELGIEN

Das Königreich Belgien ist ein altes und ein junges Land zugleich. Alt und von der Geschichte geprägt sind die Städte wie Gent und Brügge, doch vergleichsweise jung ist der Staat, mit dem sich die vorwiegend katholische Bevölkerung Belgiens 1830 von den vorwiegend protestantischen Niederlanden unabhängig machte. Mit dem Einverständnis der europäischen Mächte wurde 1831 ein Prinz aus dem Hause Sachsen-Coburg zum König erkoren. Was die Vorfahren der Belgier zur Kultur Europas beigetragen haben – darunter Meister wie Rubens, Hans Memling, die Breughels oder die Brüder van Eyck – verzeichnen die Geschichtsbücher unter niederländischer, flämischer oder sogar französischer Kunst. Gleichwohl hat Belgien in der kurzen Zeit seines Bestehens eigene Künstler und Schriftsteller von europäischem Rang hervorgebracht. Die expressionistischen Bilder von James Ensor mit ihren Masken und Gespenstern und die surrealistischen Visionen von René Magritte fehlen auf keiner Ausstellung über moderne Kunst, die Möbel und Innenräume von Henry van de Velde haben den Jugendstil entscheidend mitgeprägt. In der Literatur werden zahlreiche andere Schriftsteller von Charles de Coster überragt, der in altertümlichem Französisch die Geschichte von Thyl Uilenspiegel und Lamme Goedzak schrieb und darin den derben Spötter im Milieu des sinnenfreudigen Flandern zu einem Freiheitskämpfer gegen die spanische Unterdrückung umdeutete. Von der flämischen Heimat erzählen auch die Bücher Felix Timmermans, während der Inspektor Maigret von George Simenon in unseren Tagen zu internationalem Ruhm kam. In der Hauptstadt des Landes hat nach dem Zweiten Weltkrieg die NATO ihr Oberkommando errichtet. In der Amtszeit des gegenwärtigen Königs Baudouin I., der inzwischen der dienstälteste Monarch des Kontinents ist, wurde Brüssel auch Sitz der Europäischen Gemeinschaft und entwickelte sich zur inoffiziellen Hauptstadt Europas.

Die hier abgebildete Krone wird nur zu heraldischen Zwecken verwendet. Sie steht im belgischen Wappen unterhalb des flandrischen Löwen. In Belgien gibt es keine Königskrönung. Lediglich die Königin trägt das «Diadem der Neun Provinzen». Dieses Schmuckstück hat Fabiola von ihrer Vorgängerin Astrid bekommen. Es war das Hochzeitsgeschenk zur Vermählung von Astrid und Leopold III., das der Königin von der belgischen Bevölkerung gemacht worden war.

KÖNIG DER FLAMEN UND WALLONEN

Gemessen an anderen Königshäusern, die von Europa aus den Erdkreis erobert und Weltreiche errichtet haben, nimmt sich die belgische Dynastie mit ihren fünf Generationen eher bescheiden aus. Nur 170 Jahre ist sie alt, doch ihre Bedeutung für das Land und das Volk der Belgier ist so groß, daß ein Politiker einmal sagte: «Belgien benötigt die Monarchie wie das tägliche Brot.»

DIENSTÄLTESTER UNTER DEN MONARCHEN

Baudouin I., der 1930 geboren wurde, ist seit vierzig Jahren König der Belgier und damit der dienstälteste Monarch unter den sieben Königinnen und Königen Europas. Dank dieser langen Zeit verfügt er über reiche Erfahrungen in Staatsgeschäften, die ihm überall Aufmerksamkeit und Respekt sichern. Auch draußen in der Welt kennt er sich aus, zumal seit der moderne Luftverkehr den Aufwand für Staatsbesuche von Wochen auf wenige Tage schrumpfen ließ. Ausländische Staatschefs, die er nicht von einem Besuch in ihrem Heimatland kennt, kommen meist früher oder später nach Brüssel. Wenn sie nicht Belgien besuchen, dann die EG – auf jeden Fall empfängt der König sie und läßt sich informieren. Der leicht angegraute, hoch aufgerichtete, schlanke Mann, Brillenträger seit Jugendtagen, der sein Gegenüber zu freimütiger Äußerung ermutigt, gilt als ein guter Zuhörer. Wenn er Fragen stellt, verblüfft er seine Gesprächspartner nicht selten durch seine Detailkenntnisse. Mit besonderem Interesse verfolgt er die Bemühungen um die Einheit Europas, in dessen «heimlicher Hauptstadt» er residiert.

Zur Alltagsarbeit kommt der König von seiner Residenz vor den Toren der Hauptstadt zum Königlichen Palast im Herzen von Brüssel, einem repräsentativen Bau mit weiträumigem Treppenaufgang, glanzvollem Thronsaal und prächtigen Galerien. Im Arbeitszimmer erwartet ihn in der Regel sein Kabinettschef mit den Unterschriftsmappen. Mehr als tausend Unterschriften muß der König monatlich leisten. Insofern unterscheidet sich sein Tagwerk nicht wesentlich von dem eines Ministers oder Firmenchefs. Meistens geben Könige das nicht gern zu, weil sie Bürokratie für schwer vereinbar mit dem königlichen Mythos halten. Baudouin kennt solche Vorbehalte nicht. Ebenso souverän handhabt er zeremonielle Auftritte – mit einer sehr natürlichen Autorität, die es sich leisten kann, auf ein allzu steifes Protokoll zu verzichten.

Nach dem Kabinettschef kommen weitere leitende Mitarbeiter in das Arbeitszimmer. Der König geht ihnen entgegen, begrüßt sie mit einem Lächeln und einem Händedruck und geleitet sie zu einer Sitzecke unter einem kostbaren Gobelin. Zu der Runde gehören vor allem der Oberhofmarschall, der für die

Oben: Nach dem «Abfall der Niederlande» wurde das heutige Belgien von den Spaniern zurückerobert. Erst seit 1831 ist es ein selbständiger Staat. Das Gemälde von Denijs van Alsloot zeigt den Aufmarsch einer spanischen Schützenkompanie 1615 in Brüssel.

Oben: Erster König der Belgier war Leopold I. aus dem Hause Coburg-Gotha. Am 21. Juli 1831 leistete er den Verfassungseid. Dieser Tag ist seither Nationalfeiertag des Landes.

Oben mitte: Leopold II. bestieg 1865 den Thron und gründete alsbald ein privates Kolonialreich am Kongo.

Rechts oben: Albert I. war von 1909 bis 1934 König. Er trat in Uniform vor das Parlament, als die deutsche Armee im August 1914 in Belgien einmarschierte. Bis zum Kriegsende blieb er bei den Resten seines Heeres in einem kleinen unbesetzten Teil Belgiens.

Rechts mitte: Leopold III. war König beim zweiten deutschen Überfall 1940. Er blieb während der Besetzung auf Schloß Laeken und kam in den Verdacht der Kollaboration. Nach dem Krieg verzichtete er auf den Thron.

Unten: Baudouin I. folgte seinem Vater Leopold III. vorzeitig nach und leistete mit 21 Jahren am 17. Juli 1951 den Verfassungseid. So ist er der dienstälteste Monarch Europas.

Rechts: Baudouins Eltern im Jahre 1930. Leopold, damals noch Kronprinz, war mit Astrid, einer schwedischen Prinzessin verheiratet. Als Königin war sie überall sehr beliebt. Sie kam 1935 bei einem Autounfall in der Schweiz ums Leben.

Unten: Die feierliche Taufe von Baudouin, der am 7. September 1930 geboren worden war.

Organisation aller zeremoniellen Auftritte von König und Königin, für die Paläste und das Personal verantwortlich ist, und der Pressesekretär, der die Medien über die Aktivitäten des Königspaars informiert und umgekehrt den König über wichtige Veröffentlichungen im In- und Ausland.

Regelmäßig macht der jeweilige Ministerpräsident dem König seine Aufwartung, um ihm über die Regierungsgeschäfte zu berichten. Einfluß kann Baudouin nur bei solchen Audienzen und in persönlichen Gesprächen ausüben, denn nach der belgischen Verfassung geht alle Gewalt vom Volke aus, und der König ist gehalten, den Willen von Parlament und Regierung zu respektieren. «Die Könige der Belgier sind sich stets der engen Grenzen ihrer Macht bewußt gewesen», sagte Baudouin einmal, doch wies er bei anderer Gelegenheit auf seinen Großvater Albert I. hin: «Er hat die dem Staatsoberhaupt eingeräumten Möglichkeiten vollauf genutzt: sich informieren, ermutigen und warnend die Stimme erheben.»

In der Praxis bedeutet das: Wenn der König amtliche Papiere unterzeichnet oder öffentliche Erklärungen abgibt, ist der

Rechts: Der achtjährige Baudouin, der offiziell den Titel «Herzog von Brabant» trug, mit seiner älteren Schwester Josephine-Charlotte.

Unten und ganz unten: Baudouin sitzt stolz in seinem «Rennwagen» (1938). Zehn Jahre später bei einem Besuch in den USA.

Ganz unten: Nach dem tragischen Unfalltod von Königin Astrid heiratete Leopold III. Marie Liliane Baels. Mit ihr hatte er noch weitere drei Kinder. Dieses Familienbild entstand 1955 zum 21. Geburtstag von Baudouins jüngerem Bruder Albert. Leopold hatte damals bereits abgedankt.

Inhalt stets mit der Regierung abgestimmt. Das schränkt einerseits seinen Spielraum für eigene Entscheidungen ein, andererseits muß der König aber nie befürchten, in einen politischen Meinungsstreit hineingezogen zu werden. Seine Person ist unantastbar – die Verantwortung trägt immer die Regierung.
König Baudouin nimmt die von der Verfassung bestimmte Rollenverteilung sehr ernst. Das geht so weit, daß er der Presse oder dem Fernsehen keine Interviews gibt, weil er dabei keine Gelegenheit hat, seine Antworten vorher mit der Regierung abzustimmen. Die Pflicht aber, auch Gesetze unterzeichnen zu müssen, die er nicht billigt, kann zu Gewissenskonflikten führen. Das geschah im April 1990, als das Parlament ein Gesetz verabschiedete, in dem das bis dahin geltende völlige Abtreibungsverbot so weit gemildert wurde, daß der Abbruch von Schwangerschaften künftig unter bestimmten Voraussetzungen möglich ist.

Als strenggläubiger Katholik sah sich der König nicht in der Lage, das Reformgesetz gegenzuzeichnen. Er bat die Regierung, einen juristischen Ausweg zu suchen, den Premierminister Wilfried Martens in Artikel 82 der belgischen Verfassung fand. Nach diesem Artikel – gedacht für schwere Erkrankungen oder sonstige Notfälle – kann das Parlament eine „Regierungs-Unfähigkeit" des Königs feststellen. Die Sensation war da: Für 44 Stunden hatte Belgien kein Staatsoberhaupt – bis alle Minister das Reformgesetz unterschrieben und damit in Kraft gesetzt hatten und das Parlament feststellte, daß der König wieder regierungsfähig war. Seither fragen sich viele Belgier, ob es überhaupt notwendig ist, daß der König Gesetze unterschreibt.
Dabei ist unbestritten, daß Baudouin auf kluge und taktisch angemessene Weise alle Möglichkeiten zur Beratung der Regierung und zu Gesprächen unter vier Augen nutzt, die ihm die Verfassung gibt. Das zeigt sich besonders,

LA NATION BELGE
DES INFORMATIONS
DES OPINIONS

Linke Seite oben: Königstreue Belgier trugen 1950 Bilder von Albert I. und Leopold III. durch die Straßen von Brüssel. Doch der wegen seines Verhaltens im Zweiten Weltkrieg umstrittene Leopold kehrte nicht auf den Thron zurück.

Linke Seite unten: Für Leopold III. führte in den ersten Nachkriegsjahren sein Bruder Charles die Regentschaft. Er empfing in Brüssel auch General de Gaulle. Am 17. Juli 1951 dankte Leopold III. endgültig ab.

Unten links: Vor den beiden Kammern des Parlaments legte Baudouin I. am 17. Juli 1951 den Verfassungseid ab.

Unten rechts: Baudouin bei einem Staatsbesuch in den USA mit Präsident Eisenhower.

wenn wieder einmal die alten Gegensätze zwischen Flamen und Wallonen aufbrechen. Dann verkörpert der König das Symbol der Einheit, die Klammer zwischen den beiden Volksgruppen. Zugleich ist er auch derjenige, der sich immer wieder mit der Regierung um Ausgleich und Verständigung bemüht. So sagte er einmal am Nationalfeiertag:

«Ich bitte nicht etwa darum, die Unterschiede, die wir in Belgien kennen, zu beseitigen. Im Gegenteil: ich fordere jeden im Lande auf, diese Verschiedenheit nachdrücklich zu vertiefen, doch auch einen Schritt weiter zu tun, um den anderen besser zu verstehen, besser zu achten und zu schätzen und dem Respekt zu zollen, was uns eint.»

Vieler Herren Land

Die Anhänglichkeit der Belgier an ihr Königshaus erklärt sich zu einem guten Teil auch dadurch, daß das Land um Brüssel, Antwerpen, Brügge und Gent so spät zu nationaler Einheit gefunden hat. Durch die Jahrhunderte hindurch war es vieler Herren Land: Im späten Mittelalter gehörten Flandern und Brabant zum Herzogtum Burgund, gegen Ende des 15. Jahrhunderts fielen sie mit den Niederlanden an das Haus Habsburg. Durch Kaiser Karl V., in dessen

Unten: Der junge König Baudouin 1952 bei einem Empfang mit dem damaligen Bürgermeister von Brüssel.

Ganz unten: Baudouin 1958 auf einem Ball. Hinter seinem Rücken und in der Presse wurde immer wieder die Frage gestellt, welche Frau er wohl zur Königin machen würde.

Unten rechts: Im September 1960 endlich präsentierte Baudouin eine südländische Prinzessin als seine Verlobte – Doña Fabiola de Mora Y Aragon aus Spanien. Wie er sie kennengelernt hatte, blieb bis heute ein wohlgehütetes Geheimnis.

Rechte Seite: Am 15. Dezember 1960 gaben sich Baudouin und Fabiola das «Ja-Wort» bei der zivilen Trauung im Thronsaal des Königspalastes. In der Kathedrale St. Michel et Gudule in Brüssel fand am selben Tag die kirchliche Trauung statt.

Reich die Sonne nie unterging, kamen die Niederlande unter die Herrschaft der spanischen Linie der Habsburger.
Es war ein dichtbesiedeltes und blühendes Land, ein Land der Handwerker und Händler, das der spanischen Krone an Steuern weitaus mehr einbrachte als alles Silber aus Amerika. Antwerpen entwickelte sich zu einer Drehscheibe des Überseehandels und stieg zum bedeutendsten Börsenplatz Europas auf. Das strenge spanisch-katholische Regiment, die Verweigerung von religiösen und politischen Freiheiten führten dann aber im 16. Jahrhundert zu dem von Schiller beschriebenen «Abfall der Niederlande». Der Freiheitskampf gegen die Spanier endete mit der Selbständigkeit der nördlichen Niederlande, während die südlichen Niederlande – also das heutige Belgien – von den Spaniern zurückerobert wurden und später an Österreich

und vorübergehend an Frankreich fielen. Erst der Wiener Kongreß von 1815 fügte Nord und Süd unter Willem I. von Oranien-Nassau zum Königreich der Vereinigten Niederlande zusammen.
Doch diese Regelung konnte sich nicht lange behaupten, denn die überwiegend katholische Bevölkerung im Süden fühlte sich nicht wohl unter einem Dach mit den Protestanten im Norden. 1830 erhob sich in Brüssel das katholische und liberale Bürgertum gegen die Oranier und erklärte die Unabhängigkeit. Die europäischen Großmächte, die nach den napoleonischen Kriegen den Frieden gerade wiederhergestellt glaubten, kamen eilends zu einer Konferenz in London zusammen und garantierten dem neuen Staat 1831 Selbständigkeit und immerwährende Neutralität. Erst damit trat das Königreich Belgien in die Geschichte ein.

Der erste König kam aus Deutschland

Es dauerte eine Weile, bis für das neue Land ein König gefunden war, denn die Großmächte – England, Frankreich, Österreich, Preußen, Rußland – wachten eifersüchtig darüber, daß der künftige Monarch nicht etwa einem der anderen regierenden Häuser zu nahe stand. Die Suche war heikel, doch schließlich fanden die Belgier einen allseits genehmen Kompromißkandidaten in dem vierzigjährigen Prinzen Leopold von Sachsen-Coburg und Gotha, der in der Nähe von London ansässig war. Am 17. Juli 1831 traf der Prinz in Belgien ein, am 21. Juli – bis heute Nationalfeiertag des Landes – leistete er den Verfassungseid.
Unter Leopold I. war die Regierung vor allem mit der Stabilisierung des Landes

Rechts: Die Unabhängigkeit Belgiens vor 150 Jahren wurde 1980 im Palais de la Nation in Anwesenheit des Königs gefeiert. Darunter: Baudouin 1984 bei der Feier zum 150-jährigen Bestehen der königlichen Militärakademie.
Unten: Alltags kommt der König von Schloß Laeken nach Brüssel in den Königspalast, wo ihn sein Kabinettschef erwartet.

beschäftigt. Ein Versuch Hollands, die Unabhängigkeit rückgängig zu machen, mußte mit Hilfe Frankreichs und Englands abgewehrt werden. Noch offene Grenzfragen und der Austausch umstrittener Gebiete waren zu regeln, und schon damals machte sich ein Problem bemerkbar, das bis heute die Gemüter bewegt: das Sprachenproblem. Französisch war die einzige Amtssprache in ganz Belgien, da die sprachliche Einheit als unentbehrliche Voraussetzung für die politische Einheit des Landes galt. Dagegen richteten sich schon früh Beschwerden aus Flandern, wo vorwiegend niederländisch gesprochen wird.

Königliche Privatkolonie am Kongo

Mit Leopold II. bestieg 1865 der erste belgische König den Thron, der in Belgien geboren worden war. Unter ihm wurde das Niederländische schrittweise zur gleichberechtigten zweiten Landessprache erhoben. Seit 1886 sind auch die belgischen Münzen und Geldscheine zweisprachig beschriftet. In die Geschichte aber ging Leopold II. vor allem durch sein privates Kolonialreich am Kongo ein. Dabei machte er sich die Erfahrungen des amerikanischen Journalisten Henry-Morton Stanley zunutze.

Rechts: Gespräch in Schloß Laeken mit Eddy Merckx nach seinem zweiten «Tour de France»-Sieg 1970.

Ganz unten: Königin Fabiola hat ihren eigenen Terminkalender. Sie nimmt soziale Aufgaben wahr, wie hier beim Besuch einer Schule, interessiert sich aber vor allem für Literatur, Kunst und Musik.

Stanley, der im Auftrag seiner Zeitung den in Ostafrika verschollenen Missionar David Livingstone aufgefunden und mit dem berühmt gewordenen Satz «Mr. Livingstone, I presume?» begrüßt hatte, war 1872 als erster Weißer den Kongo bis zur Mündung hinabgefahren. Als sich England für seine Entdeckungen nicht interessierte, trat er in den Dienst des belgischen Königs und erforschte für ihn das Kongogebiet.
Der König finanzierte die Expeditionen aus seiner Privatschatulle und fragte bei der jeweiligen belgischen Regierung meist vergeblich um Zuschüsse für die Erschließung des riesigen Territoriums nach. Dafür hatte er die Genugtuung, daß die Berliner Konferenz von 1884/85, die den unter den Kolonialmächten ausgebrochenen «Scramble for Africa», den Wettlauf nach Afrika, in geordnete Bahnen lenken sollte, den Kongo-Staat völkerrechtlich anerkannte. Souverän des neuen Staates war Leopold II. Erst 1908 verstand sich das belgische Parlament nach langen Diskussionen dazu, den Privatstaat zu «annektieren» und zu einer belgischen Kolonie zu machen. Schon ein Jahr darauf verstarb Leopold II.

Unten mitte: Königin Fabiola führt auch den von Königin Elisabeth, der Frau Alberts I., ins Leben gerufenen Internationalen Musikwettbewerb fort. Bei einem Galakonzert begrüßt das Königspaar und das Prinzenpaar de Liège 1966 die Virtuosen Yehudi Menuhin und David Oistrach.

Dieses Land kann nicht untergehen

Die Nachfolge trat im Dezember 1909 König Albert I. an, ein Neffe von Leopold II., dessen einziger Sohn schon vor ihm gestorben war. Im Parlament wurde über eine Liberalisierung des Wahlrechts und neue flämische Forderungen

in der Sprachenfrage gestritten, als alle innenpolitischen Querelen mit einem Schlag weggefegt wurden: am 4. August 1914 marschierte die Armee des deutschen Kaiserreichs in Belgien ein. Willensstark und resolut trat der König in Uniform vor das Parlament und hielt eine Rede, die mit dem Satz endete: «Ein Land, das sich verteidigt, gewinnt den Respekt aller. Dieses Land kann nicht untergehen.»
Die erbitterte Gegenwehr der Belgier verzögerte den deutschen Vormarsch bis in den Oktober hinein. Doch dann waren Lüttich, Brüssel und Antwerpen verloren und das Land bis auf einen kleinen

Links, von oben nach unten: König Baudouin auf Staatsbesuch: In Äthiopien traf er 1972 noch Kaiser Haile Selassie, in China spielte er 1981 Pingpong mit chinesischen Studenten, und in Japan schlenderte er 1985 mit seinem Neffen Philippe, begleitet vom japanischen Kronprinz Akihito, durch die Straßen von Tokio.

Streifen an der Grenze zu Frankreich besetzt. Während die Regierung in die französische Stadt Le Havre auswich, blieb König Albert bei den Resten seiner Armee im unbesetzten Teil Belgiens und ließ sich mit Königin Elisabeth, einer Prinzessin aus dem Hause Wittelsbach, bis zum Ende des Krieges an der Küste in De Panne nieder. Am 22. No-

vember 1918 kehrte er unter dem großen Jubel der Belgier nach Brüssel zurück.

Schatten über Baudouins Jugend

Der gegenwärtige König, Enkel Alberts I., wurde am 7. September 1930 auf Schloß Stuyvenberg geboren und erhielt die Namen Baudouin, Leopold, Albert, Charles, Axel, Marie, Gustave, Graf vom Hennegau. Als er drei Jahre alt war, im Februar 1934, kam sein Großvater bei einer Bergtour in der Gegend von Namur ums Leben. Bei der Thronbesteigung seines Vaters, König Leopold III., nahm Baudouin traditionsgemäß den Titel «Herzog von Brabant» an. Schon im Jahr darauf traf die Familie abermals

Linke Seite, Mitte rechts: 1960 war Baudouin im Kongo, als die belgische Kolonie in die Unabhängigkeit entlassen wurde. Mit einem Foto erinnert ein Bürger des heutigen Staates Zaire daran.

Links: Eine 25 in einem Blumenmeer begrüßte das Königspaar, als Belgien 1976 das silberne Thronjubiläum Baudouins I. feierte.

Unten: Eine riesige Menschenmenge sammelte sich am 7. September 1990 auf der Grande Place in Brüssel zum 60. Geburtstag des Königs.

ein schwerer Schicksalsschlag. Baudouins Mutter, die bildschöne und im Land sehr beliebte Königin Astrid, eine Prinzessin von Schweden, verunglückte bei einer Autofahrt in der Schweiz tödlich.

Wurde die Jugend Baudouins schon durch diese Ereignisse überschattet, so noch mehr durch den deutschen Überfall vom 10. Mai 1940. Während die Regierung ins Exil nach Großbritannien ging, meinte sein Vater, Heer und Volk nicht im Stich lassen zu dürfen, und zog sich auf das Schloß Laeken zurück. Diese Entscheidung stieß bei der Regierung und in weiten Kreisen des belgischen Volkes auf heftige Kritik, zumal der König sogar den deutschen Diktator Adolf Hitler aufsuchte. Auch wenn es ihm dabei um die Freilassung von 50000 Kriegsgefangenen und eine bessere Lebensmittelversorgung der Bevölkerung ging, brachte ihn das Treffen auf dem Obersalzberg doch in den Geruch der Kollaboration.

Baudouin und seine Geschwister waren zunächst nach Frankreich, dann weiter nach Spanien geflohen, kehrten aber im August 1940 zu ihrem Vater nach Schloß Laeken zurück. Gegen Ende des Krieges mußte Leopold III. es erdulden, daß die Deutschen ihn und seine Familie nach der Landung der Alliierten in Frankreich im Juni 1944 erst nach Hirschstein an der Elbe und später nach Strobel in Österreich verschleppten.

Unten: Schloß Laeken ist berühmt wegen seiner Gärten und Gewächshäuser. Baudouin und Fabiola, beide große Naturliebhaber, gehen gerne im Park spazieren.

Unten: Da dem Königspaar eigene Kinder versagt geblieben sind, ist Baudouins Bruder Albert Thronfolger und Kronprinz. Prinz Philippe, der älteste Sohn des Kronprinzenpaars bereitet sich aber auch schon auf Königswürden vor. Er kommt oft zu seinem Onkel nach Laeken.

So kam es, daß sich der König noch in der Gewalt der Deutschen befand, als das Land im September 1944 von den Alliierten befreit wurde. Zunächst wählten die gesetzgebenden Kammern seinen Bruder, Prinz Charles, zum Regenten des Königreiches. Nach seiner Befreiung durch die Amerikaner im Mai 1945 ging Leopold III. in die Schweiz und bat seinen Bruder, das Amt als Regent weiter wahrzunehmen. Im belgischen Volk blieb Leopolds Verhalten im Kriege auch in den Jahren danach so umstritten, daß er Regierung und Parlament im Juli 1950 ersuchte, die königliche Gewalt seinem Sohn Baudouin zu übertragen. Ein knappes Jahr darauf verzichtete er endgültig auf den Thron. Am 17. Juli 1951 leistete Baudouin I., ein

schlanker, schon früh vom Ernst des Lebens geprägter, schüchterner junger Mann von 20 Jahren, vor den vereinigten Kammern den Verfassungseid.

Das Erbe des Urgrossvaters

Innenpolitische Probleme bestimmten die ersten Jahre nach Baudouins Thron-

Links: Ein privates Essen mit Prinz Albert und seiner Familie.

Unten: In Erholungsstunden in Schloß Laeken spielt der König gern Schach mit seinem Neffen Philippe oder auch mal eine Partie Billard.

besteigung. Schon bald hatten König und Regierung auch eine schwere Aufgabe im fernen Afrika zu bewältigen: das Erbe von Baudouins Urgroßvater Leopold II. mußte liquidiert werden. In der Mitte der fünfziger Jahre geriet auch die Kongo-Kolonie in den Sog der afrikanischen Unabhängigkeitsbestrebungen. Als er den Kongo im Mai 1955 besuchte, wurde der König zwar freundlich empfangen, aber die Sympathie galt lediglich seiner Person, nicht der belgischen Kolonialherrschaft. Im Januar 1959 kam es in Léopoldville, das heute Kinshasa heißt, zu blutigen Unruhen. Überstürzt erkannten König und Regierung das Recht des Kongos auf Unabhängigkeit an. Am 30. Juni 1960 wurde die belgische Flagge am Kongo in Anwesenheit des Monarchen eingeholt und die Kolonie in die Unabhängigkeit entlassen.

Daß Belgien diese Unabhängigkeit zu wenig vorbereitet und dann zu schnell gewährt hatte, sollte sich blutig rächen: Ermordung des ersten Ministerpräsidenten Lumumba, Abfall der reichen Kupfer-Region unter Moïse Tschombé, Eingreifen der UN, Aufstand der Simbas, grausamer Buschkrieg gegen die Rebellen, schließlich Machtergreifung Mobutus, der den inzwischen in Zaïre umbenannten Kongo noch heute regiert und so diktatorisch herrscht, daß es immer wieder zu Spannungen zwischen Belgien und seiner ehemaligen Kolonie kommt.

Opfer der Boulevardpresse

In denselben Jahren sah sich die belgische Hauptstadt aus ganz anderen Grün-

Oben: Der Königspalast im Herzen von Brüssel. Hierher kommt Baudouin I. zur Alltagsarbeit und zu offiziellen Anlässen.
Unten: Der glanzvolle Empiresaal.

den im Mittelpunkt des Interesses der Boulevardpresse. Reporter aus aller Welt strömten nach Brüssel, magisch angezogen von dem Umstand, daß sowohl König Baudouin, als auch sein jüngerer Bruder Albert südländische Prinzessinnen zum Traualtar führten.
Prinz Albert, geboren 1934, heiratete am 2. Juli 1959 Donna Paola Ruffo di Calabria, die er bei der Investitur von Papst Johannes XXIII. in Rom kennengelernt hatte. König Baudouin vermählte sich am 15. Dezember 1960 mit Doña Fabiola de Mora y Aragon, die 1928 in Madrid

Oben: König und Königin vor ihrem Haus in Limbourg.

Rechts: Baudouin und Fabiola ganz privat.

geboren worden war. Wie er sie kennengelernt hat, blieb bis heute ein wohlgehütetes Geheimnis des Hofes. Dagegen wußte man, daß sie gelernte Krankenschwester ist und sich vor der Heirat um Kranke und Alte in den Arbeitervororten von Madrid gekümmert hat. Dieses soziale Engagement beweist sie auch als Königin in Belgien.
In den nächsten Jahren standen die Namen Fabiola und Paola immer wieder in den Schlagzeilen der Boulevardzeitungen. Unermüdlich wurde darüber spekuliert, ob und wann Fabiola ihrem Bau-

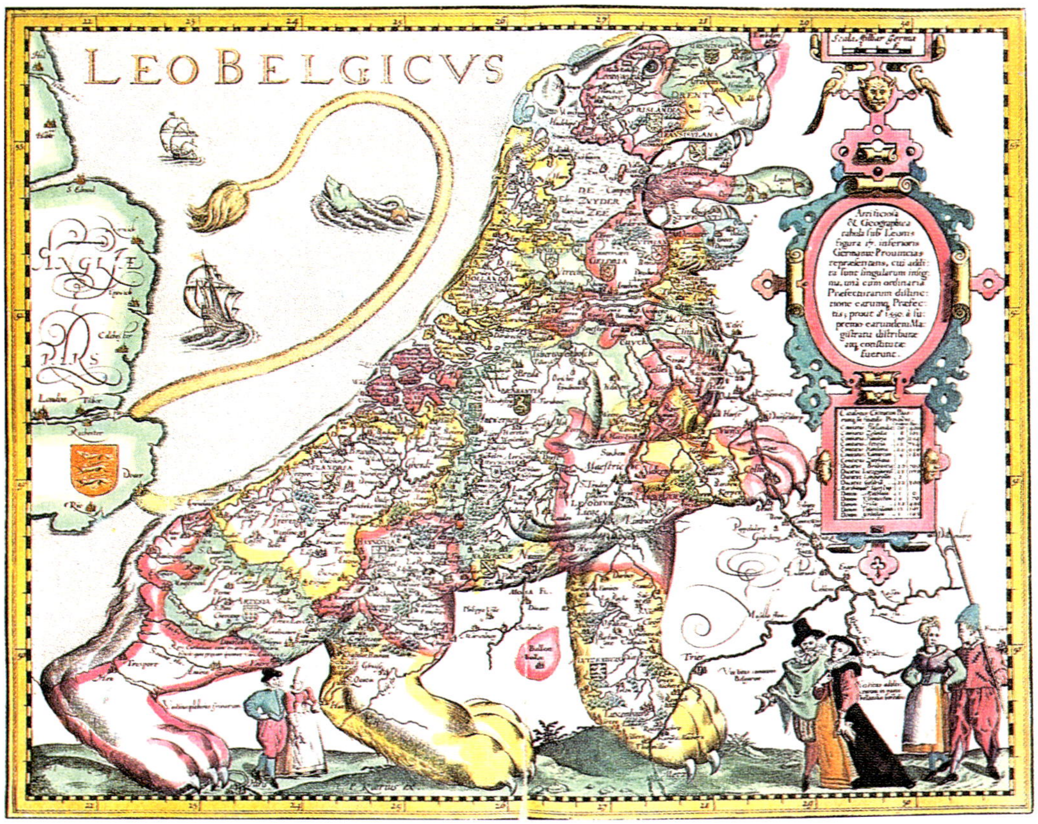

Links: Der belgische Löwe – eine allegorische Karte aus dem 17. Jahrhundert.

douin einen Thronerben schenken würde. Fabiola blieb kinderlos, Paola dagegen gebar in rascher Folge drei Kinder: Philippe (1960), Astrid (1962) und Laurent (1963). Ihr Mann Prinz Albert, Fürst von Lüttich, ist als jüngerer Bruder des Königs der erste Anwärter auf den belgischen Thron. Inzwischen bereitet sich aber auch Prinz Philippe schon intensiv darauf vor, eines Tages das hohe Amt zu übernehmen.

Bei offiziellen Anlässen dreisprachig

Nach der Kongokrise sah sich der König in seinem Amtszimmer im Brüsseler Palast vor allem mit dem wieder aufgeflammten Sprachenstreit konfrontiert. Schließlich half nur noch eine Verfassungsreform. In den siebziger Jahren wurde Flandern und Wallonien die kulturelle Autonomie zugesichert, außerdem wurde ein Sonderstatut für Groß-Brüssel entwickelt. Offizielle Erklärungen gibt König Baudouin heute sogar dreisprachig ab – auf flämisch, französisch und mit Rücksicht auf die deutsche Minderheit im Grenzgebiet gegenüber Aachen auch auf deutsch, das er zwar langsam, aber akzentfrei spricht.

Von seinem Amtssitz im Königspalast bringt eine zwanzigminütige Autofahrt den König zu seiner Residenz in Schloß Laeken vor den Toren der Hauptstadt. Das Schloß – mit einer Kuppel über einem klassizistischen Portikus – liegt in einem großen Park. Unter Architekten und Botanikern ist es vor allem wegen seiner großzügigen Gewächshäuser bekannt, die historische Vorbilder im ehemaligen Kristallpalast in London und im Palmengarten in Frankfurt haben. Die Konstruktion aus Gußeisen, Stahl und Glas ist so riesig, daß man vom Schloß aus eine Strecke von 700 Metern unter Glas wandeln und so bei jedem Wetter einen Gartenspaziergang machen kann. Der König und die Königin sind beide große Naturliebhaber und -kenner. Besuchern können sie stundenlang von den Bäumen und Pflanzen erzählen, die in den Gewächshäusern gedeihen.

Neben den Pflanzen sind es vor allem die Sterne, für die sich Baudouin interessiert. Er gilt als ein kenntnisreicher Amateur auf dem Gebiet der Astronomie und photographiert auch selbst den Sternenhimmel. Erholung sucht er in verschiedenen Sportarten. Er schwimmt, spielt Golf und Tennis und fährt Ski. Im Heimatland seiner Frau, in Spanien, wo er gern den Urlaub verbringt, kennt man ihn auch als einen begeisterten Sportfischer.

Für Kunst, Literatur und Musik ist eher Fabiola zuständig. Sie zeigte schon in ihrer Jugend künstlerische Fähigkeiten und malte und musizierte gern. In ihrer Freizeit schreibt sie Erzählungen, von denen sie einige in dem Band «Die 12 wunderbaren Erzählungen der Königin Fabiola» gesammelt hat. Der Verkaufserlös kommt dem «Nationalen Werk für Kinderwohlfahrt» zugute. Gerühmt wird ihr sicherer Geschmack zum Beispiel bei der Auswahl des Mobiliars und des Dekors im Schloß Laeken. Daneben führt sie auch den Internationalen Musikwettbewerb fort, den Königin Elisabeth, die Frau Alberts I., ins Leben gerufen hat. Nicht zu übersehen ist, daß Fabiola für Baudouin eine starke Stütze bei der Bewältigung seiner Aufgaben ist. Er hat durch sie an Selbstvertrauen und Statur gewonnen, was die Belgier mit Dankbarkeit verfolgt haben.

Rücktritt aus Altersgründen?

Wie er selbst darüber denkt, weiß man nicht – im belgischen Volk aber scheint es kein Gesprächsthema zu sein, ob König Baudouin, der sich demnächst im «Rentenalter» befindet, sein Amt aufgeben sollte. Zu traumatisch ist noch die Erinnerung an die Abdankung seines Vaters, Leopold III. Außerdem müßte sein nur vier Jahre jüngerer Bruder Prinz Albert erst einen förmlichen Thronverzicht leisten, bevor dessen Sohn, der 1960 geborene Prinz Philipp, die Nachfolge antreten könnte. Vor allem aber gewinnt man immer wieder den Eindruck, daß sich die Belgier – gleich ob Flamen oder Wallonen – im Einklang mit dem Königspaar an ihrer Spitze fühlen, das für sie zugleich eine Garantie ihrer nationalen Einheit darstellt.

DAS HAUS SACHSEN-COBURG

1816 (1)
Charlotte
T. George IV., Kg v. Großbrit.
* 1796 † 1817
═ ♛ LEOPOLD I.
Kg d. Belgier 1831
* 1790 † 1865
═ 1832 (2)
Louise
T. Louis Philippe, Kg. v. Frankreich
* 1812 † 1850

♛ LEOPOLD II.
Kg d. Belgier 1865
* 1835 † 1909
═ 1853
Marie Henrietta
T. Joseph, EHzg v. Österr.
* 1836 † 1902

LOUISE
* 1858 † 1924
∞ 1875 (gesch. 1906)
Pz Philip v. Sachsen-Coburg-Gotha
* 1844 † 1921

Rudolph
Kronpz v. Österr.
* 1858 † 1889
═ 1881 (1)
STEPHANIE
* 1864 † 1945
∞ (2) 1900
Elmér Pz Lónyai
* 1863 † 1946

Victor
Pz Napoleon
* 1862 † 1926
═ 1910
CLEMENTINE
* 1872 † 1955

PHILIP
Gf v. Flandern
* 1837 † 1905
═ 1867
Marie
T. Karl Anton, Pz v. Hohenzollern-Sigmaringen
* 1845 † 1912

BAUDOUIN
* 1869 † 1891

HENRIETTE
* 1870 † 1948
∞ 1896
Emanuel, Pz v. Orléans, Hzg v. Vendôme
* 1872 † 1931

JOSEPHINE
* 1872 † 1958
∞ 1894
Karl Anton, Pz v. Hohenzollern
* 1868 † 1919

♛ ALBERT I.
Kg d. Belgier 1909
* 1875 † 1934
═ 1900
Elisabeth
T. Karl Theodor, Hzg v. Bayern
* 1876 † 1965

1926 (1)
Astrid
T. Carl, Hzg v. Västergötland
* 1905 † 1935
(tödl. Unfall)
═ ♛ LEOPOLD III.
Kg d. Belgier 1934
* 1901 † 1983
═ 1941 (2)
Mary Lilian Baels
* 1916

Jean
GHzg v. Luxemburg
* 1921
═ 1953
JOSEPHINE CHARLOTTE
* 1927

♛ BAUDOUIN I.
Kg d. Belgier 1951
* 1930
═ 1960
Fabiola
T. Gonzolo Mora y Aragon, MGf v. Casa Riera
* 1928

ALBERT
Pz v. Liège
* 1934
═ 1959
Paola
T. Fulco, Pz v. Ruffo di Calabria
* 1937

PHILIPPE
* 1960

ASTRID
* 1962

LAURENT
* 1963

ALEXANDER
* 1942

MARIE CHRISTINE
* 1951
∞ 1981
Paul Drake

MARIE ESMERALDA
* 1956

CHARLES
Gf v. Flandern
Regierng 1944 – 50
* 1903 † 1983

Humbert II.
Kg v. Italien
* 1904 † 1983
═ 1930
MARIE JOSEPHA
* 1906

Maximilian
EHzg v. Österr.
Ks. v. Mexiko 1864
* 1832 † 1867
(hingerichtet)
═ 1857
CHARLOTTE
* 1840 † 1927

SPANIEN

Als der Bourbonenprinz Philip von Anjou im Jahre 1713 als Philip V. König von Spanien wurde, war die Glanzzeit des hispanischen Weltreichs schon vorüber. Sie hatte begonnen, als die «Katholischen Könige» Ferdinand II. von Aragonien und Isabella von Kastilien 1492 einem Seefahrer aus Genua die Mittel gaben, um den Seeweg nach Indien auf Westkurs über den Atlantik zu erkunden. Ihren Höhepunkt erreichte sie im 16. Jahrhundert, nachdem Columbus Amerika entdeckt hatte und sich aus der Neuen Welt Gold und Silber nach Spanien ergossen. Auf dem Besitz der Silberminen von Potosi in Bolivien, so sagte man, beruhte die spanische Weltmacht, die inzwischen von Monarchen aus dem Hause Habsburg regiert wurde, von Karl V., der für die Spanier Carlos I. ist, und von Philip II. Auch ein «Goldenes Zeitalter» der Künste brach an mit Dichtern wie Cervantes, Lope de Vega und Calderon und Malern wie El Greco, Zurbarán, Murillo und Velasquez. Die kulturelle Blüte dauerte auch noch an, als sich unter den letzten Habsburgern schon der Niedergang des Reiches ankündigte. Unter den Bourbonen erreichte später nur Francisco de Goya ähnlichen Ruhm. Erst in unserem Jahrhundert glänzte die spanische Kunst dann wieder mit Antonio Gaudí, Pablo Picasso, Joan Miró und Salvador Dali. Während der Herrschaft der Bourbonen wurde das Land immer wieder von Streit und Bürgerkrieg heimgesucht. Der fürchterlichste Bürgerkrieg begann 1936, fünf Jahre nachdem König Alfons XIII. nach dem Wahlsieg der Republikaner abgedankt und das Land verlassen hatte. Erst nach dem Ende der Franco-Diktatur trat 1975 mit Juan Carlos wieder ein Bourbone an die Spitze des Staates. In den Jahren seither hat er sich als ein König des Volkes erwiesen, der das Land mit viel Geschick auf den Weg zur Versöhnung und zur Demokratie führt.

Die Krone Spaniens. 1776 für Carlos III. gefertigt (zu sehen sind die Wappen der spanischen Provinzen). Die Königskrone hat in Spanien keine Tradition, da die spanischen Könige (ursprünglich frei gewählt und erst später in Erbfolge) seit jeher anstelle einer eigentlichen Krönung auf die Verfassung vereidigt wurden. Die Krone ist denn auch viel zu groß, als daß sie je getragen werden könnte.

Königin Isabella I. von Kastilien (die Katholische) und ihr Gemahl Ferdinand von Aragon finanzierten persönlich die Expeditionen Columbus (rechts im Bild). Vor allem Isabella hatte großes Vertrauen in die Unternehmungen und soll dafür sogar Ihren Schmuck versetzt haben (links im Bild). Nach der Entdeckung Amerikas 1492 wurde Columbus vom Königspaar mit zahlreichen Privilegien geehrt (Bildmitte). Die Heirat Isabellas mit Fernando de Aragon begründete die Einheit Spaniens.
Der Wandteppich hängt im Instituto de Cooperación Ibero Americano in Madrid.

König des Volkes

Als sie 1975 nach 44 Jahren wieder einen König bekamen, mochten manche Spanier erwartet haben, daß nun auch die althergebrachte Hofetikette mit ihrem steifen Zeremoniell und strengen Protokoll wiederkehren würde, mit der die hispanischen Monarchen in vergangenen Zeiten nahezu jeden Hof in Europa geprägt hatten. Um so überraschter waren sie, als sie in Juan Carlos I. einen sportlichen, jungenhaft-sympathischen Managertyp kennenlernten, der nicht viel Sinn für Protokollfragen hat. Im Sommer segelt er gern in den Gewässern um Mallorca, im Winter läuft er Ski in den Pyrenäen. Außerdem fliegt und reitet er, fährt Motorrad und hat eine Vorliebe für schnelle Autos. Im persönlichen Umgang gibt er sich locker und ist bemüht, keinen unnötigen Abstand aufkommen zu lassen. Seine Besucher empfängt der athletisch gebaute, gut 1,90 Meter große König mit einem herzlichen Handschlag, alte Bekannte mit dem landesüblichen «Abrazo». Und es soll vorkommen, daß er in lebhafter Unterhaltung, um einen Standpunkt zu unterstreichen, seinem Gegenüber temperamentvoll aufs Knie klopft.

Ein Landesherr neuen Typs

Überrascht waren ausländische Journalisten auch von dem Lebensstil am Hof. «Königin Sofia wird zu Hause von ihren Bediensteten nicht etwa mit ‹Hoheit›, sondern mit dem bürgerlichen ‹Señora› angesprochen», schrieb eine deutsche Zeitung 1977. «Sie fährt ihre drei Kinder täglich zur Schule und nimmt Fortbildungskurse an der Universität Madrid.» Zu Hause – das ist für das Königspaar nicht etwa der große Palast von El Pardo, in dem Staatschef Franco residiert hat, auch keiner der anderen Königspaläste, an denen rings um Madrid kein Mangel ist, sondern der schlichte Palacio de la Zarzuela. Es ist eine zweistöckige, blaßrote Ziegelvilla am Stadtrand von Madrid, die von weitläufigen Pinien- und Olivenhainen umgeben ist und eher wie der Sitz eines reichen Gutsbesitzers wirkt. Ursprünglich war es ein königlicher Jagdpavillon aus dem 17. Jahrhundert, der im Bürger-

Rechts: Königin Isabella II. bestieg den Thron 1843, als sie gerade 13 war. 1868 wurde sie durch eine Militärrevolution gestürzt.

Unten: Ihr Sohn Alfons XII. wurde 1874 nach dem Ende der ersten spanischen Republik zum König ausgerufen und regierte bis 1885.

Unten rechts, mitte: Alfons XIII. war seit seiner Geburt im Jahr 1886 König. Als 1931 die zweite Republik proklamiert wurde, mußte er abdanken.

Unten: Juan Carlos I. ist ein Enkel von Alfons XIII., dem letzten Bourbonenkönig vor dem Bürgerkrieg.

krieg zerstört und danach wiederhergestellt und ausgebaut wurde.
In seiner vergleichsweise bescheidenen Residenz hat Juan Carlos alles untergebracht, was ihn außer den Staatsgeschäften interessiert: seine Bücher (von Geschichte, Soziologie und Biographien bis zu Krimis), seine Schallplatten (vorzugsweise Klassik von Beethoven bis Tschaikowsky und de Falla), seine Sammlung historischer Schiffsmodelle, das Amateur-Funkgerät, mit dem er sich nachts gelegentlich in das internationale Kurzwellen-Geplauder einschaltet, und den Personal-Computer, in dessen Gebrauch er sich von seinem Sohn Felipe unterweisen ließ. Meist arbeitet er auch in La Zarzuela – von morgens um

Unten: Nach einer Zeit innenpolitischer Wirren mußte Alfons XIII. am 14. April 1931 abdanken und ins Exil gehen (hier bei der Ankunft in Paris). Spanien wurde zum zweiten Mal eine Republik. Doch schon 1936 versank das Land im Bürgerkrieg.

acht bis zum Mittagessen und von nachmittags um vier bis in den Abend hinein. Dazwischen liegt nach spanischer Sitte die Siesta, die bei ihm freilich nicht dem Mittagsschlaf dient, sondern der Bewegung, einem Spaziergang oder einem Ausritt.
Nicht selten kommt der Premierminister zu einem der regelmäßigen Gespräche nach La Zarzuela hinaus. Aber natürlich hat der Monarch auch ein Arbeitszimmer im eigentlichen Königspalast, dem Palacio Real in Madrid. An zwei, manchmal auch drei Tagen der Woche nimmt er die eher offiziellen Anlässe in dem mächtigen Bau wahr. Er liegt an einem steilen Hang, von dem aus man den Campo del Moro, das «Maurenfeld», und den Manzanares überblicken kann. Sein Vorfahr Philip V. legte 1738 den Grundstein an der Stelle, an der schon die Araber eine Burg errichtet hatten. 26 Jahre wurde daran gebaut, denn da das vorangegangene Schloß einem Brand zum Opfer gefallen

Unten: Juan, Sohn von Alfons XIII., heiratete 1935 in Rom Maria de las Mercedes. Sie sind die Eltern von Juan Carlos.

Ganz oben: Propagandaplakat für General Franco im Bürgerkrieg.
Unten: Wahlplakat aus der Zeit der Republik.

war, baute man «feuersicher» mit vier Meter dicken Mauern im Erdgeschoß und Gewölben über allen Zimmern. In den prunkvollen Räumen empfängt Juan Carlos Staatsgäste und Botschafter und gibt die festlichen Diners in dem 400

Unten: Sieger im Bürgerkrieg war Francisco Franco, der zu den letzten Offensiven des Jahres 1939 selbst an die Front kam. Auf den Trümmern Spaniens errichtete er als «Caudillo» ein autoritäres Regime. Obwohl er von Hitler und Mussolini unterstützt worden war, trat er nicht in den Zweiten Weltkrieg ein.

Quadratmeter großen Gala-Speisesaal, in dem bis zu 145 Tischgäste Platz finden. Zu Hause in La Zarzuela kann er höchstens 20 Personen bewirten.

Wenn nicht gerade ein offizieller Empfang stattfindet, kann der Palast besichtigt werden. Im Thronsaal, der im Stil des Rokoko ausstaffiert wurde, fällt dem Besucher ein mit rotem Samt bezogener Baldachin auf, unter dem zwei vergoldete Sessel mit den geschnitzten Porträts von Juan Carlos und Königin Sofia stehen. Vier ebenfalls rotbezogene Stufen führen zu den Thronsesseln hinauf, die zu beiden Seiten von vier Löwen aus Goldbronze flankiert werden. Doch wie der Besucher erfährt, benutzt das Königspaar diese so herausgehobenen Sitzgelegenheiten nie, sondern mischt sich bei festlichen Empfängen unter die Gäste. Auch bei Messen in der Königlichen Kapelle, in der sich ebenfalls Thronsessel unter einem Baldachin finden, sitzen Juan Carlos und Sofia lieber unter den anderen Teilnehmern.

Ein sehr unprätentiöser König also, der zu Anfang von vielen seiner Landsleute unterschätzt wurde. Ein böses Wort machte damals die Runde: «Seine Regierungszeit wird so kurz sein wie die Zeit, die ein Bonbon vor einer Schule auf der Straße liegt.» Inzwischen hat Juan Carlos bewiesen, mit welcher Entschiedenheit und mit wieviel Geschick er sein Ziel verfolgt, das seit Jahrhunderten in politischen Glaubenskämpfen zerrissene spanische Volk zu versöhnen und nach den Jahrzehnten der Franco-Diktatur auf den Weg zur parlamentarischen Demokratie mit einer konstitutionellen Monarchie zu führen. Zugleich hat er der Dynastie der Bourbonen, die eigentlich in Frankreich zu Hause war und dort bis zur Revolution von 1792 und dann noch einmal von 1814 bis 1830 regiert hat, zu neuem Glanz verholfen.

Oben: Auf Befehl Adolf Hitlers legte die deutsche «Legion Condor» im Bürgerkrieg spanische Städte in Trümmer.

Unten: Über die Pyrenäen nach Frankreich flüchtende republikanische Soldaten.

Rechts: Am 5. Januar 1938 wurde Juan Carlos Maria de Borbón y Borbón in Rom geboren.

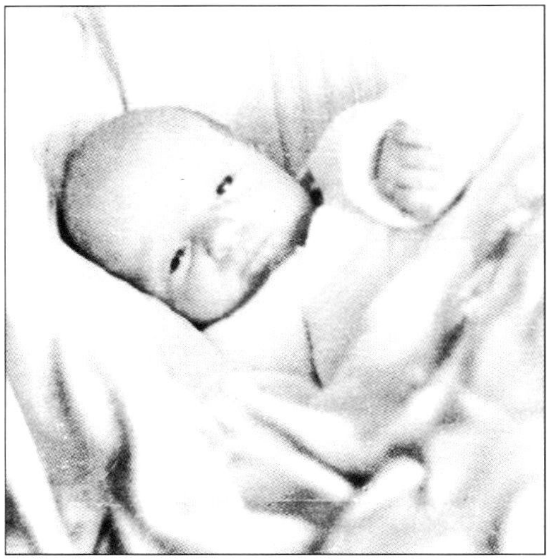

Unten: Juan Carlos mit seinen Eltern und Geschwistern in Lausanne.

Unten: Schon als kleiner Junge liebte Juan Carlos es, im Meer zu baden.

Ganz unten: Der heutige spanische König im Alter von sechs Jahren.

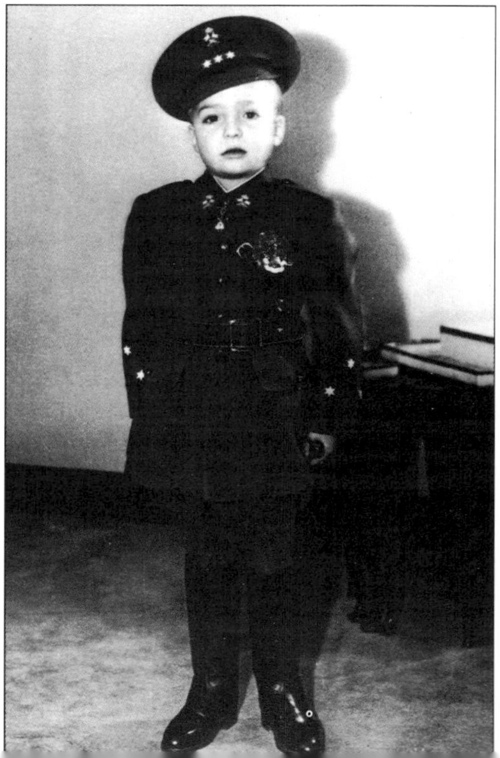

Der Enkel des Sonnenkönigs

Die Bourbonen kamen auch in Madrid auf den Thron, als die spanische Linie des Hauses Habsburg im Jahre 1700 ausstarb. Karl II., der letzte Habsburger, hatte in seinem Testament verfügt, daß sein Nachfolger der Herzog von Anjou sein sollte, der zweite Sohn des Dauphin, des damaligen französischen Kronprinzen. Als Philip V. kam der Enkel des «Sonnenkönigs» Ludwig XIV. im Januar 1701 nach Spanien. Dagegen rebellierte freilich das Stammhaus der Habsburger in Österreich. Erzherzog Karl erhob Anspruch auf den Thron, von dem aus einst sein großer Vorfahr Karl V. die halbe Welt regiert hatte. Zwölf Jahre lang dauerte der Spanische Erbfolgekrieg, in dessen Verlauf sich die mit dem Reich verbündeten Engländer in einem Handstreich der Festung Gibraltar bemächtigten. Erst 1713 im Frieden von Utrecht wurde Philip V. als rechtmäßiger König von Spanien anerkannt.

Zwei seiner Söhne folgten ihm nach – erst 1746 Ferdinand VI. und danach von 1759 bis 1788 Karl III., zugleich König von Neapel und Sizilien, der das Land 29 Jahre lang im Geiste eines aufgeklärten Absolutismus regierte. Er führte innere Reformen durch, vertrieb die Jesuiten, verbot die Mönchsorden und zog ihre Besitztümer ein, vor allem aber beendete er die Schrecken von Inquisition und Folter. Er sei der beste spanische Monarch aus dem Haus Bourbon gewesen, behaupten Historiker.

Die Urteile über seinen Sohn fallen weniger wohlwollend aus, und nicht sehr schmeichelhaft ist auch das Porträt, das Goya von ihm gemalt hat. In der Regierungszeit von Karl IV. kam ein junger Kadett aus Estremadura an den Hof, der es verstand, sich die Gunst der Königin und danach auch des Königs zu erwerben. Mit 25 Jahren war Manuel de Godoy zum ersten Minister und eigentlichen Regenten aufgestiegen. Während das Volk über seine Willkürherrschaft

Links: Mit 10 Jahren betrat Juan Carlos zum ersten Mal spanischen Boden. In Madrid setzte er seine Schulausbildung fort.

Unten: Der Badeort Estoril südlich von Lissabon war ein bevorzugter Exilort vertriebener Monarchen. Juan Carlos lebte mit seiner Familie hier von 1946 – 1948.

zu murren begann, führte er das Land in ein Bündnis mit Napoleon, das Spanien teuer bezahlen mußte: In der Seeschlacht von Trafalgar vernichtete der englische Admiral Nelson 1805 die französisch-spanische Flotte fast völlig.

Im März 1808 kam es zu einem heftigen Aufstand in der Residenzstadt Aranjuez. Godoy entging nur mit Mühe dem Volkszorn, Karl IV. dankte zugunsten seines Sohnes ab. Doch bevor Ferdinand VII. sein Amt antreten konnte, waren schon die französischen Truppen in Spanien einmarschiert. Sie brachten Ferdinand nach Frankreich in die Gefangenschaft und setzten Joseph Bonaparte als König von Napoleons Gnaden ein.

Mal liberal, mal konservativ

Die Spanier leisteten Widerstand und entwickelten in ihrem Unabhängigkeitskampf jene Kleinkriegstaktik, die bis heute als «Guerilla» bekannt ist. In Cadiz traten ihre Volksvertreter, die Cortes, zusammen und verabschiedeten 1812 für ein wieder freies Spanien eine liberale Verfassung, die der Macht von Krone und Kirche konstitutionelle Grenzen setzte. Doch als Ferdinand VII. nach dem Untergang Napoleons 1814 zurückkehrte, hob er als erstes diese Verfassung auf. Unter dem Einfluß der Geistlichkeit machte er auch viele Reformen Karls III. rückgängig. Mönchsorden, Inquisition und Folter wurden wieder eingeführt. Gegen die in Spanien

Auf einer Kreuzfahrt in der Ägäis lernte Juan Carlos Prinzessin Sofia kennen, Tochter des damaligen griechischen Königs Paul I. Die feierliche Trauung wurde im Mai 1962 in zwei Kirchen von Athen nach katholischem und orthodoxem Ritus vollzogen. König Paul kreuzte nach altem Brauch dreimal zwei Kronen über dem Brautpaar.

besonders reaktionäre Restauration erhoben sich 1820 die Liberalen, woraufhin der König eilends auf die Verfassung von 1812 schwor, die Rechte der Kirche beschnitt und die Inquisition abermals abschaffte. Doch schon drei Jahre darauf konnte er mit Hilfe Frankreichs die absolute Monarchie wiederherstellen und mit den Liberalen abrechnen.

Dem Wechsel zwischen reaktionär-absolutistischer Herrschaft und liberal-konstitutioneller Regierung waren die Spanier im 19. Jahrhundert auch weiterhin ausgesetzt. Hinzu kam ein neuer Erbfolgestreit: Mit der Nachfolge Ferdinands VII. hatte sein jüngerer Bruder Don Carlos gerechnet, doch nach Ferdinands Tod 1833 übernahm seine vierte Frau Maria Christina die Regentschaft für ihre unmündige Tochter Isabella. Carlos ließ sich von seinen Anhängern im Baskenland, in Navarra, Aragon und Katalonien zum Gegenkönig ausrufen, und von 1834 bis 1840 und noch einmal wieder von 1872 bis 1876 zerrissen die

Unten: Noch bevor Juan Carlos vom spanischen Parlament zum Nachfolger Francos und König von Spanien designiert wurde, war er Vater von drei Kindern. Nach den beiden Töchtern Elena und Cristina wurde 1968 in Madrid ein Sohn geboren. Nach der spanischen Verfassung ist Felipe als erstgeborener Sohn der Thronerbe.

sogenannten «Karlistenkriege» das Land. Inzwischen wurde Isabella 1843 bereits mit 13 Jahren von den Cortes für mündig erklärt und regierte das Land in klerikalem Geist bis 1868, als sie durch eine Militärrevolution gestürzt wurde und ins Exil gehen mußte. 1869 bekam das Land erneut eine liberale Verfassung, 1873 wurde es für zwei kurze Jahre sogar eine Republik, doch die nächste Verfassung unter Alfonso XII. war wieder konservativ und gab der Kirche ihre frühere Machtstellung zu einem großen Teil zurück.

Das vorläufige Ende der Bourbonen

Während die Spanier so mit sich selbst beschäftigt waren, hatten sich ihre Kolonien in Lateinamerika nach und nach selbständig gemacht, und 1898 mußten auch Kuba, Puerto Rico und die Philippinen an die USA abgetreten werden. Bis auf einige Territorien in Afrika war das einst so mächtige Weltreich Karls V. verloren.

Die inneren Wirren aber gingen auch unter Alfonso XIII. im 20. Jahrhundert weiter – die Streitigkeiten zwischen Konservativen und Liberalen, zwischen Diktatur und Demokratie, zwischen Parteigängern der Kirche und ihren Gegnern, zwischen Katalonien, Aragon, dem Baskenland und der Zentralregierung in Madrid. Am 14. April 1931 war das vorläufige Ende der bourbonischen Monarchie gekommen, Alfonso XIII. mußte abdanken. Zum zweiten Mal wurde die Republik ausgerufen, doch schon bald darauf schlug die Stunde des Bürgerkriegs, in dem drei fürchterliche Jahre lang, von 1936 bis 1939, die überkommenen Gegensätze blutig ausgetragen wurden – mit einer grausamen Verbissenheit, die an Glaubenskriege vergangener Jahrhunderte erinnerte.

Sieger war Francisco Franco, der Generalissimo und Jefe del Estado. Doch Sieger waren zugleich die Konservativen, unter denen es viele Monarchisten gab. Schließlich hatte Franco auch die Nachfolgepartei der ehemaligen «Karlisten» seiner Falange einverleibt. Als geschickter Taktiker kam der Staatschef den Monarchisten schrittweise entgegen: 1945 sagte er ihnen eine spätere Wiedereinführung der Monarchie zu, und 1947 erließ er ein Gesetz mit der Regelung, daß eine von ihm zu bestimmende Person königlichen Geblüts nach seinem Tod die Nachfolge als Staatsoberhaupt antreten sollte. In einer Volksabstim-

Unten: Vor den Cortes, dem spanischen Parlament, legte Juan Carlos am 22. Juli 1969 den Eid auf die Verfassung ab und nahm damit seine Berufung zum Nachfolger des Staatschefs Franco und künftigen König an.

Ganz unten: Nach der Vereidigung wurde die Ernennung zum Kronprinzen im Palacio de la Zarzuela bei Madrid notariell beglaubigt. Bereits 1974 mußte Juan Carlos den erkrankten Staatschef vertreten.

Rechte Seite oben: Amtseid des Königs nach dem Tode Francos am 22. November 1975. Vor ihm liegt die Bibel, auf einem Samtkissen neben ihm die Symbole Zepter und Krone.

Rechte Seite unten: Antrittsrede von König Juan Carlos I. vor den Cortes, dem spanischen Parlament.

mung bestätigte eine große Mehrheit das sogenannte «Nachfolgegesetz», mit dem Spanien praktisch wieder eine Monarchie wurde.

Ausbildung zum König

Der Mann, den Franco schließlich zu seinem Nachfolger und zum neuen König von Spanien auserkor, war Juan Carlos Victor Maria de Borbón y Borbón, Enkel jenes Alfonso XIII., der 1931 zurückgetreten war, und Sohn des eigentlichen Thronprätendenten Juan de Borbón y Battenberg, der sich das Wohlwollen des Caudillo durch seine liberalen Ansichten verscherzt hatte. Geboren wurde Juan Carlos 1938 im Exil in Rom. Er wuchs zunächst in Italien und der Schweiz auf. Nach dem Ende des Zweiten Weltkriegs ging die Familie nach Estoril in Portugal, dem bevorzugten Exil-Ort so manches vertriebenen Monarchen. Juan Carlos war bereits 10 Jahre alt, als er zum ersten Mal seinen Fuß auf spanischen Boden setzte.

Nachdem er sein «Bachillerato», die Reifeprüfung, in Madrid bestanden hatte, ging er 1955 als Kadett zur Militär-Akademie in Saragossa und weiter zu den Offiziers-Schulen von Marine und Luftwaffe. Von 1960 bis 1962 beriet ihn eine eigens berufene Kommission bei der Auswahl der Vorlesungen an der Universität Madrid. Der vielseitige Lehrplan des Prinzen reichte von spanischer Geschichte und Literatur über Philosophie und Wirtschaft bis zu öffentlichem Finanzwesen und internationalem Recht. Danach begann eine Lehrzeit im öffentlichen Dienst. Jahr für Jahr verbrachte er viele arbeitsreiche Monate in verschiedenen Ministerien und lernte Strukturen und Probleme kennen: Landwirtschaft, Finanzen, Justiz, Wirtschaft, Inneres, öffentliche Verwaltung. Auch eine Vielzahl an Reisen organisierte

man für ihn, so daß es keine spanische Region oder Provinz auf dem Festland oder auf den Inseln gibt, die der Prinz nicht während seiner Ausbildung zum König besucht hat.
Am 22. Juli 1969 kam dann die große Stunde, in der das Plenum der Cortes das sogenannte Designations-Gesetz beriet. Darin schlug Staatschef Franco den Prinzen Juan Carlos nun auch offiziell als seinen Nachfolger mit dem Titel eines Königs vor. Die Volksvertreter stimmten mit großer Mehrheit zu. Als Prinz von Spanien schwor Juan Carlos am Tag darauf in einer feierlichen Stunde vor den Cortes, daß er seine verfassungsmäßigen Pflichten erfüllen werde. In seiner Rede sagte er: «Die Monarchie kann und muß ein wirkungsvolles Instrument in der Politik sein, wenn es ihr

Links: Prinzessin Elena und ihr Bruder Kronprinz Felipe sitzen wie zur Audienz vor dem Schreibtisch ihres Vaters im Palacio Real.

Unten: Im Palacio de la Zarzuela hängt auch das Bild «El Principe de ensuenjo» (Der Prinz der Träume) von Salvador Dali.

gelingt, ein gerechtes und wirklichkeitstreues Gleichgewicht der Kräfte herzustellen und wenn sie verwurzelt ist im wirklichen Leben des spanischen Volkes.»

Genau fünf Jahre später mußte Juan Carlos seine erste Bewährungsprobe als amtierendes Staatsoberhaupt ablegen, als Francisco Franco 1974 erkrankte. Der mittlerweile über achtzigjährige Generalissimus übernahm danach die Amtsgeschäfte noch einmal, doch ein Jahr darauf erkrankte er erneut und starb im November 1975. Spanien bekam nach 44 Jahren wieder einen Bourbonenkönig, und wohl keiner war so gut auf seine Aufgabe vorbereitet worden wie dieser.

Urenkelin des deutschen Kaisers

Als Juan Carlos sein Amt antrat, war er 37, verheiratet und hatte drei Kinder. Die künftige Königin hatte er auf einer Kreuzfahrt in der Ägäis kennengelernt, zu der ihn das griechische Königshaus eingeladen hatte. Im Mai 1962 feierte

Unten: Das Königspaar mit den Kindern Elena, Cristina und Kronprinz Felipe. Die Militärausbildung der spanischen Könige erfolgt in allen Waffengattungen: König Juan Carlos mit seinem Vater Juan und Sohn Felipe in Marineuniform.

Links und unten: König Juan Carlos ist bekannt als ein begeisterter Motorradfahrer, Segler und Pilot (im Bild 1986). Gerüchten nach soll er einmal für einen gestrandeten Autofahrer zur nächsten Tankstelle gebraust sein, um Benzin zu holen.

Unten links: Die öffentliche Yacht «Juan Sebastian El Cano».

Athen glanzvoll seine Vermählung mit der attraktiven Prinzessin Sofia, der Tochter des damaligen griechischen Königs Paul I. und seiner Frau Friederike. Sie stammt aus dem Hause Schleswig-Holstein-Sonderburg-Glücksburg und ist eine Urenkelin des letzten deutschen Kaisers. In Spanien rechnet man gern nach, wieviele gekrönte Häupter es unter den Vorfahren der jetzigen Königin gibt: zwei deutsche Kaiser, sieben russische Zaren, acht dänische Könige, fünf schwedische Könige, einen König und eine Königin von Norwegen, eine Königin von England und fünf griechische Könige. Wie es sich gehört, waren nicht weniger als 137 Gäste von königlichem Geblüt zur Trauung gekommen.
Auch Königin Sofia treibt leidenschaftlich gern Sport und ist eine begeisterte Seglerin. Die griechische Prinzessin besuchte erst eine Schule bei Athen und dann das bekannte Internat Salem am Bodensee. Später wurde sie in Griechenland als Säuglingsschwester und Krankenpflegerin ausgebildet. In Madrid arbeitet sie aktiv in der Caritas, im Roten Kreuz und in einer Hilfsorganisation für geistig Behinderte mit. In den wenigen Stunden, die ihr verbleiben, widmet sie sich der Archäologie und vor allem der Musik. Wichtige Ehrenämter nimmt sie im Vorstand des spanischen National-Orchesters und in dem nach ihr benannten Centro de Arte Reina Sofía wahr. Für das 1986 eröffnete Kunst- und Ausstellungszentrum, in dem auch Konzerte und Filmvorführungen stattfinden, wurde nicht weit vom Prado ein zweihundert Jahre altes Krankenhaus am Atocha-Bahnhof umgebaut. Es liegt zentraler als das Museum für zeitgenössische spanische Kunst draußen im Universitätsviertel. Aus diesem Grund werden von dort auch rund 3000 Werke u. a. von Picasso, Miró, Dalí und

Gris zur ständigen Ausstellung übernommen. In Anlehnung an das Centre Pompidou in Paris, dem es in der Konzeption ähnelt, wird das Centro Reina Sofía im Volksmund bereits «Sofidú» genannt.
Noch während der Lehrzeit des Prinzen bekam das Paar drei Kinder: Elena (1963), Cristina (1964) und 1968 schließlich einen Sohn, der mit vollem Namen Felipe Juan Pablo Alfonso de Todos los Santos Borbón Schleswig-Holstein Sonderburg-Glücksburg heißt. Er ist der Kronprinz, denn nach der spanischen Verfassung tritt nicht der oder die Erstgeborene die Thronfolge an, sondern der erstgeborene Sohn, in diesem Fall also das jüngste der drei Königskinder. Wie schon seit dem 14. Jahrhundert jeder Erbe des kastilischen Throns trägt Felipe den Titel eines Prinzen von Asturien. Im Gymnasium von Nuestra Señora de Rosales, das er in Madrid besuchte, wurde er freilich genauso wie die anderen Jungen und Mädchen behandelt und in den Schulakten war er lediglich mit dem Nachnamen Borbón y Grecia verzeichnet.
Nach dem Schulabschluß schickte ihn sein Vater auf das College Lakesfield in

Links: Vor den Cortes verkündete Juan Carlos 1978 die neue, durch eine Volksabstimmung bestätigte Verfassung. Spanien wurde damit eine Monarchie auf parlamentarisch-demokratischer Grundlage.

Oben und rechts: Die Bewährungsprobe für König und Demokratie kam, als am 23. Februar 1981 Oberstleutnant Antonio Tejero mit einer Hundertschaft der Guardia Civil das Parlament stürmte und die Regierung für abgesetzt erklärte. In der Nacht rief der König sämtliche Militärbefehlshaber an und erinnerte sie an ihren Treueeid. Im Fernsehen erklärte er, der König werde nicht dulden, daß der demokratische Prozeß mit Gewalt unterbrochen würde. Nach 18 Stunden brach der Putsch zusammen.

Kanada, wo man ihn ungezwungen «Flip» nannte. Der anschließende Besuch der Militärakademie von Saragossa entsprach einem Ausbildungsprogramm, das der König mit der Regierung abgestimmt hatte. Während der dreijährigen Offiziersausbildung durchlief der Kronprinz, der als Philip VI. einmal Oberbefehlshaber der Streitkräfte sein wird, alle Waffengattungen. Vom Herbst 1988 an studierte er Rechts- und Wirtschaftswissenschaften an der Universität Madrid, mußte jedoch in den Semesterferien an Manövern und Übungen teilnehmen. Auch die beiden älteren Schwestern Elena und Cristina sind auf die Universität gegangen. Elena ist inzwischen voll ausgebildete Lehrerin an einer katholischen Mädchenschule in Madrid.

Trojanisches Pferd oder Glücksfall?

Schon als Junge konnte der kleine Prinz miterleben, wie sein Vater die vielen kleinen und großen Herausforderungen seines Amtes meisterte. Solange der Caudillo am Leben war, hatte Juan Carlos seine Auffassungen allenfalls Freunden anvertraut, sonst aber für sich be-

Links oben: Auf einer Reise nach Rom wurde das Königspaar 1981 auch vom Papst empfangen.

Links mitte: Zwei Männer, die sich um die demokratische Entwicklung in ihren Ländern verdient gemacht haben: Im Dezember 1990 besuchte der tschechische Dichter Václav Havel als Präsident der ČSFR den spanischen König.

Links unten: König Hassan von Marokko, ein Nachbar von jenseits des Mittelmeers, auf Staatsbesuch in Madrid.

Oben: Ein offizielles Foto aus dem Jahre 1990 zeigt das Königspaar mit den inzwischen erwachsenen drei Kindern im Garten des Palacio Real in Madrid.

halten – und das so sehr, daß viele Spanier ihn für ein gehorsames Ziehkind Francos hielten, von dem keine umwälzenden Neuerungen zu erwarten waren. Tatsächlich beließ der König auch den von Franco übernommenen Ministerpräsidenten Arias Navarro vorerst in der Regierungsverantwortung. Inzwischen sicherte er sich den Rat seines ehemaligen Universitätslehrers, des Rechtsprofessors Torcuato Fernández Miranda, der inzwischen Präsident der Cortes, der Volksvertretung, geworden war und ihn darin unterwies, wie man das bestehende System auf legalem Wege abbauen konnte. Einen weiteren Verbündeten fand er in Adolfo Suárez, mit dem er seit vielen Jahren bekannt war. Suárez hatte dem verstorbenen Staatschef in einer Reihe von Ämtern gedient und war im Moviemento Nacional, wie die Staatspartei seit 1970 hieß, bis zum Generalsekretär aufgestiegen – die alten Kräfte konnten also nichts gegen ihn einwen-

den, während Juan Carlos sehr wohl wußte, daß Suárez sich in seinen Anschauungen inzwischen gewandelt hatte.
Im Juli 1976 entließ der König den amtierenden Ministerpräsidenten und berief – nachdem Vertraute seinen Namen geschickt auf einen Dreiervorschlag manövriert hatten – Adolfo Suárez zum Nachfolger. Gemeinsam betrieben König und Premier die Demokratisierung Spaniens durch Selbstentmachtung des verkrusteten, morsch und korrupt gewordenen Franco-Regimes. Sie mußten behutsam vorgehen, denn das alte Regime hatte vor allem im Staatsapparat und im Militär immer noch viele Anhänger, während die so lange unterdrückten spanischen Demokraten

Oben und rechts: Der mächtige Königspalast von Madrid, dessen Grundstein 1738 von Philip V., dem ersten Bourbonenkönig in Spanien, an der Stelle gelegt wurde, an der schon die Araber eine Burg errichtet hatten. Von einem steilen Hang aus überblickt der Palast das Maurenfeld und den Manzanares.

Links: Regelmäßig empfängt der König den Ministerpräsidenten Felipe Gonzales.

einen Wandel sofort wollten. Die nächsten zwölf Monate brachten einen Volksentscheid über die politischen Reformen, den die Regierung mit 94 Prozent der abgegebenen Stimmen gewann. Es kam weiterhin zur Selbstauflösung der noch aus Francos Zeiten stammenden Cortes und schließlich zur Auflösung von Francos Movimiento Nacional. Danach wagte der fortschrittlich denkende König die Wiederzulassung der Linksparteien – nicht nur der Sozialisten, sondern auch der Kommunisten.

Der 15. Juni 1977 war dann der von vielen Menschen langersehnte Tag der ersten freien Wahlen. Das neue Parlament verabschiedete im Herbst 1978 eine moderne Verfassung, die im Dezember durch eine erneute Volksabstimmung bestätigt wurde – es ist die achte oder sogar neunte spanische Verfassung seit 1812. Mit dem Inkrafttreten dieser Verfassung verzichtete Juan Carlos auf einen großen Teil der Macht, die Franco ihm hinterlassen hatte. Er ist Staatsoberhaupt und Oberbefehlshaber der Streitkräfte und hat das Recht, einen Premierminister vorzuschlagen, sonst aber ist er in fast allen Fragen wie die Regierung vom Votum des Parlaments abhängig.

«Ein Glücksfall für Spanien», so nannte Helmut Schmidt den Mann, der diese atemberaubende Entwicklung in Gang gesetzt hatte. Alte verbitterte Franco-Anhänger sprachen von einem «trojanischen Pferd», das sich der verehrte Caudillo in das damals noch so wohlbestellte Haus geholt habe. Immer wieder gelang es Juan Carlos, die Rechte zu besänftigen und vor allem die Generalität ruhigzustellen, die laut über die Wiederzulassung der Kommunistischen Partei Spaniens gemurrt hatte. Beobachtern fiel auf, wie oft der junge König in jenen Jahren die Kasernen besuchte und mit den Offizieren sprach.

Des Königs lange Nacht

Anfang 1981, als die Regierung von Adolfo Suárez in parlamentarische Schwierigkeiten gekommen war, sahen die alten Kräfte ihre Stunde gekommen. Am 23. Februar stürmte eine Hundertschaft der Guardia Civil, der kasernierten Polizei, unter dem Kommando des Oberstleutnants Antonio Tejero mitten während einer Fernsehübertragung in das Parlament, schoß wild mit Maschinenpistolen an die Decke und zwang Abgeordnete und Minister, hinter ihren Pulten Deckung zu suchen. So gut wie alle zivilen Spitzenpolitiker Spaniens befanden sich damit als Geiseln in der Hand der Aufständischen. Gleichzeitig rasselten Panzer durch die Straßen von Valencia.
Aber was die Stunde der Militärs werden sollte, wurde zur historischen Stunde des Königs. Wie sich herausstellte, standen hohe Offiziere der Streitkräfte hinter dem Putschversuch, die offenbar mit der Duldung oder gar dem Einverständnis des Königs gerechnet hatten. Doch Juan Carlos setzte sich in seinem Arbeitszimmer ans Telefon und rief der Reihe nach die Militärbefehlshaber an und erinnerte sie an ihre Loyalität und ihre Pflichten. «Wenn ihr mich forthaben wollt, müßt ihr mich umbringen»,

Oben: Der Thronsaal im Palacio Real, Stätte offizieller Staatsempfänge. Wie es heißt, werden die kostbaren Thronsessel vom Königspaar niemals benutzt.

Rechts oben: Zu den prachtvollen Empfangsräumen des Palastes gehört auch der Waffensaal.

Rechts unten: Zu offiziellen Diners bei Staatsbesuchen kann der König bis zu 145 Tischgäste in den riesigen Speisesaal bitten.

soll er dabei gesagt haben. Bis zum Morgengrauen hatte er erreicht, daß der Befehlshaber von Valencia, sein einstiger militärischer Lehrer General Milans del Bosch, die Panzer in die Kasernen zurückholte und seine Kameraden sie gar nicht erst ausfahren ließen. Gleichzeitig stellte er den Verschwörern ein Ultimatum zur bedingungslosen Kapitulation. Wie es heißt, saß sein Sohn Felipe, damals 13 Jahre alt, mit heißen Wangen dabei und hörte mit, wie sein Vater in dieser langen spannenden Nacht die Demokratie in Spanien rettete.

Zwischendurch ließ er eine Ansprache für das Fernsehen aufnehmen, in der er sagte: «Die Krone als Symbol der Dauer und der Einheit des Vaterlandes duldet auf keinen Fall Handlungen von Personen, die versuchen, mit Gewalt den demokratischen Prozeß zu unterbrechen, wie er in der Verfassung vorgesehen ist,

Unten: Auch in der Palastkapelle stehen kostbare Thronsessel mit Baldachin. Doch bei Messen sitzt das Königspaar lieber unter den anderen Teilnehmern.

Rechts: In einem Saal des Palastes hängen zwei Gemälde von Francisco Goya. Sie zeigen König Karl IV. und seine Frau, deren Herrschaft 1808 durch den Aufstand von Aranjuez beendet wurde.

die das spanische Volk in einem Referendum angenommen hat.» Der Putsch brach nach 18 dramatischen Stunden zusammen, und selbst der Alt-Kommunist Santiago Carillo, kein Freund der Monarchie, sagte anerkennend: «Er stand auf seinem Posten.»

Die Gefahr war bewältigt, und der Versöhnungsprozeß der Spanier konnte weitergehen, zugleich überwanden sie mehr und mehr ihre jahrzehntelange Isolierung – in Kunst und Mode ebenso wie in Wirtschaft und Politik. 1982 trat Spanien der NATO bei, 1986 wurde es Vollmitglied der Europäischen Gemeinschaft. Es wandelte sich immer mehr zu einem «normalen» europäischen Land – nicht zuletzt auch dadurch, daß es seit Dezember 1982, nachdem die Wähler so entschieden hatten, mit Felipe Gonzales zum ersten Mal wieder einen sozialistischen Ministerpräsidenten hat. Juan Carlos arbeitet offenkundig gut mit ihm zusammen. Im Scherz erinnert er seinen Premier gelegentlich daran, daß dieser doch eigentlich von Haus aus ein Republikaner sei.

Die Schönen und die Reichen

Die Welt wußte die historische Leistung des Königs zu würdigen. Universitäten in allen Teilen der Welt verliehen ihm den Ehrendoktor – Oxford und Cambridge, die Sorbonne in Paris und Bologna, Straßburg und Harvard, Lima und Bangkok. Hinzu kamen ein halbes Dut-

Oben: Juan Carlos benutzt den Palacio Real nur für Amtsgeschäfte und offizielle Anlässe. Als eher bescheidener Wohnsitz dient ihm ein ehemaliger Jagdpavillon, der Palacio de la Zarzuela.

Rechts: Die Eingangshalle des Palacio de la Zarzuela. In den Privaträumen hat der König seine Bücher und Schallplatten und seine Sammlung von Schiffsmodellen untergebracht.

zend Auszeichnungen, an der Spitze der Karls-Preis der Stadt Aachen. Im April 1986 wurde ihm eine besondere Ehre zuteil, als er während eines Staatsbesuches in Großbritannien als erster ausländischer Monarch vor beiden Häusern des britischen Parlaments sprach und sich dabei zum Zusammenwachsen der europäischen Staaten bekannte.
Obwohl Juan Carlos und Sofia 1981 demonstrativ die Einladung zur Hochzeitsfeier von Prinz Charles in London

abgelehnt hatten, weil das zwischen Spanien und England umstrittene Gibraltar erste Station auf der Hochzeitsreise sein sollte, verstehen sie sich inzwischen sehr gut mit dem britischen Thronfolgerpaar. Im Sommer schauen Charles und vor allem Diana gern im Palacio de Marivent in Palma de Mallorca vorbei, wo das spanische Königspaar seinen Segelurlaub verbringt. Der Andrang der Photographen ist dann besonders groß, aber auch sonst fehlt es nicht an Leuten mit Kameras, die auf eine Prinzessin im Bikini lauern.

Nach Mallorca zieht es Juan Carlos vor allem deswegen, weil Staatschef Franco seinen Hofstaat im Sommer aus dem heißen Madrid nach San Sebastian zu verlegen pflegte und mit Beamten und Diplomaten auch der designierte Nachfolger an den Atlantik reisen mußte. Seither bevorzugt er das Mittelmeer, für das er sich 1987 nach eigenen Plänen auch eine komfortable Motoryacht bauen ließ. Inzwischen freilich richten sich vom Festland gelegentlich scheele Blikke auf das königliche Ferienparadies. Überhaupt mischen sich in die allgemeine Dankbarkeit und Bewunderung für den König neuerdings auch kritische Töne. Daß Juan Carlos, wie es heißt, gern schönen Frauen nachblickt, nimmt man im Land der Caballeros gelassen hin. Im Umkreis des königlichen Urlaubers auf Mallorca aber wollen manche Beobachter zuviele Figuren des internationalen Jet Sets und der Schickeria ausgemacht haben, einen Reigen der Schönen und der Reichen, darunter auch manche eher zwielichtige Gestalt aus dem Geschäftsleben. Da die seriösen Zeitungen sich aus Respekt vor dem König zurückhalten, finden sich Anspielungen auf die Ferienbekanntschaften nur in der Boulevardpresse – mit dem Ergebnis, daß niemand genau weiß, was Wahrheit und was Klatsch ist.

Oben: Der Palacio Marivent auf Mallorca ist der vor Journalisten streng abgeschirmte Feriensitz der Königsfamilie. Juan Carlos bevorzugt das Mittelmeer, seit er als Zögling General Francos die Sommerwochen in San Sebastian am herberen Atlantik verbringen mußte.

Sprengsatz unter der Tribüne

Zum Weihnachtsfest 1990 setzte sich Juan Carlos zur Wehr. In seiner traditionellen Fernsehansprache nahm er sich die Informationsmedien vor, ersuchte um «Mäßigung und Respekt vor der Wahrheit» und mahnte «höchste Professionalität und Verantwortungsbewußtsein» an. Seriöse Zeitungen wie «El País» in Madrid pflichteten dem König bei, die Boulevardpresse und die illustrierten Wochenblätter aber heulten tief getroffen auf und fühlten sich zu Unrecht gescholten. «Das ist eine königliche Ungerechtigkeit, die mir und meinen Kindern in der Seele wehtut», schrieb eine bekannte Klatschjournalistin.

Die Zeitung «El País» aber präsentierte kurze Zeit darauf eine Enthüllung ganz anderer Art. Danach hat es nach dem gescheiterten Putschversuch des Polizei-Obristen Tejero am 23. Februar 1981 in rechtsextremen Kreisen zwei weitere Putschpläne im Juni 1981 und Dezember 1982 gegeben, die aber fallengelassen wurden, da mit der entschiedenen Gegnerschaft des Königs zu rechnen war. Notgedrungen hätten die Putschisten daraufhin beschlossen, den König aus dem Weg zu räumen: Unter die Tribüne, auf der Juan Carlos mit seiner Familie und Premierminister Felipe Gonzales im Juni 1985 in La Coruña eine Militärparade abnehmen sollte, wollten sie einen Sprengsatz montieren. Der Plan sei jedoch durch die Geheimpolizei rechtzeitig entdeckt und vereitelt worden.

Der Öffentlichkeit fiel im Juni 1985 nur auf, daß das Königspaar ohne Kronprinz Felipe zur Parade erschien. Über den Attentatsplan verlautete damals kein Wort. Daß jetzt offen darüber gesprochen werden kann, nehmen die meisten Spanier als einen weiteren Beweis für die Normalisierung des Landes, die sie ihrem König zu verdanken haben.

Ein Bronzestandbild von Karl III., einem Vorfahren des gegenwärtigen Königs, der von 1759 bis 1788 regierte. Ihm hatte das Land die Abschaffung von Inquisition und Folter und eine Reihe innerer Reformen im Geiste eines aufgeklärten Absolutismus zu verdanken.

DAS HAUS BOURBON

FERNANDO
* 1832 † 1854

JOSEFA
* 1827 † 1920
⚭ 1848
Joseph Güell y
Renté
* 1818 † 1884

MARIA CRISTINA
* 1833 † 1902
⚭ 1860
Sebastian
Sohn Pz Peter v.
Spanien
* 1811 † 1875

Ignacio
Gf Gurowski
* 1812 † 1888
═ 1841 ═
ISABELLA
* 1821
† 1897

♛ FRANCISCO
Hzg v. Asis, Nominell Kg
v. Spanien
* 1822 † 1902
═ 1846 ═
♛ ISABELLA II.
Kgin v. Spanien
1833
Abgesetzt 1868
* 1830 † 1904

ENRICO
Hzg v. Sevilla
* 1823 † 1870
═ 1847 ═
Elena
T. Antonio v.
Castellvi, Hzg
v. Castella
* 1821 † 1863

José
Hzg v. Sessa
* 1828 † 1881
═ 1847 ═
LUISA
FERNANDA
* 1824 † 1900

Adalbert
Pz v. Bayern
* 1828 † 1875
═ 1856 ═
AMALIA
* 1834 † 1905

Gaetan
Gf v. Girgenti
Sohn Ferdinand
II., Kg beider
Sizilien
* 1846 † 1871
═ 1868 ═
ISABELLA
* 1851 † 1931

Maria de las
Mercedes
T. Antoine, Hzg
v. Montpensier
* 1860 † 1878
═ 1878 (1) ♛ ═
ALFONSO XII.
Kg v. Spanien 1874
* 1857 † 1885
═ 1879 (2) ═
Maria Cristina
T. Karl Ferdinand
EHzg v. Österr.
* 1858 † 1929

Pz Ludwig Ferdinand v. Bayern
* 1859 † 1949
═ 1883 ═
MARIA de la Paz
* 1862 † 1946

Antonio v.
Orléans
Hzg v. Galliera
* 1866 † 1930
═ 1886 ═
EULALIA
* 1864 † 1958

MARIA
de las Mercedes
* 1880 † 1904
═ 1901 ═
Carlo
Pz v. Bourbon-Sizilien
* 1870 † 1949
═ 1907 (2) ═
Louise
T. Philippe
Gf v. Paris
* 1882 † 1958

♛ ALFONSO XIII.
Kg v. Spanien 1886
Abgesetzt 1931
* 1886 † 1941
═ 1906 ═
Victoria Eugenia
T. Henrich, Pz v.
Battenberg
* 1887 † 1969

MARIA TERESA
* 1882 † 1912
═ 1906 ═
Pz Ferdinand v.
Bayern, Pz v.
Spanien
* 1884 † 1958

ALFONSO
Gf v. Cavadonga
* 1907 † 1938
⚭ 1933 (1)
Edelmira Sampedro-Ocejo y Robarto
(gesch. 1937)
⚭ 1937 (2)
Marta Rocafort y
Altazurra
(gesch. 1938)

JAIME
Hzg v. Segovia
* 1908 † 1975
⚭ 1949 (2)
Carlota Tiedemann
* 1919
═ 1935 (1) (gesch. 1947) ═
Manuela de
Dampierre
T. Roger, Hzg v.
S. Lorenzo
* 1913

Alejandro
Torlonia, Pz v.
Civitella-Cessi
* 1911
═ 1935 ═
BEATRIZ
* 1909

Enrique
Gf Marone
* 1895 † 1968
═ 1940 ═
MARIA CRISTINA
* 1911

JUAN
Gf v. Barcelona
* 1913
═ 1935 ═
Maria de las
Mercedes
T. Carlo, Pz v.
Bourbon-Sizilien,
Pz v. Spanien
* 1910

GONZALO
* 1914 † 1934

Luis Gomez-Acebo
Vi'compte de la
Torre
* 1934
═ 1967 ═
MARIA del Pilar,
Hzgin v. Badajoz
* 1936

♛ JUAN CARLOS I.
Kg v. Spanien 1975
* 1938
═ 1962 ═
Sofia
T. Paul I. Kg v.
Griechenland
* 1938

Carlos
Zurita y Delgado
* 1943
═ 1972 ═
MARGARITA
* 1939

ALFONSO
* 1941 † 1956

ELENA
* 1963

CRISTINA
* 1965

FELIPE
Pz v. Asturien
* 1968

INDEX DER NAMEN

BILDNACHWEIS

Die königlichen Wappen der Seiten 4/5 sowie die Genealogien der Seiten 43, 68, 83, 127, 153, 173 und 201 wurden original von Jiří Louda, ČFSR-Olomouc, gezeichnet und erschienen erstmals 1981 in «Lines of Succession – Heraldry of the Royal Families of Europe» bei Orbis Publishing, London.

Wir bedanken uns bei Frau Nicole Herzog aus Madrid für ihre Hilfe bei der Bildbeschaffung für das Kapitel «Spanien».

Aerofilms Ltd., Borehamwood: 114/115, 118
Aisa, Barcelona: 175, 177 unten mitte, 178 rechts oben und unten, 184 unten, 185 oben, 186 oben rechts, 189 unten
Ediciones Anaya, Madrid: 177 rechts, 189 oben
BBC Hulton Picture Library, London: 89 unten links
British Museum, London: 6, 172
Christiansborg Slotsforvaltning (Foto: J. Grønlund): 66
Cunard Line, Hamburg: 125
Dalda, Madrid: 198 (2×)
L. Dukas, Zürich: 91 oben links, 96 links
Agencia EFE, Madrid: 178 links oben und unten, 179 oben rechts, 180 (4×), 181 (2×), 182 rechts unten, 186 oben links, 190 mitte
E-Foto, Borgholm: 31 links 4. v. o., 34 rechts, 40, 41 oben
Elfelt Royal, Kopenhagen: 65, 67 (5×), 68 (3×), 69 (2×), 70 (3×), 71, 72 (3×), 73, 74 (3×), 75 oben links, 76, 77, 78
Europa Press, Madrid: 185 unten, 186 unten links und rechts, 187 (3×), 188, 190 oben und unten, 191, 192 unten, 199
Giraudon, Paris: 86
Jørgen Grønlund, Allerød: 79, 81 oben
Historisches Museum, Wien: 9
HMSO Crown Copyright: 84
Inbel-Vanbekbergen, Brüssel: 155
KeyColor, Zürich: 14/15 (5×), 29 oben
Keystone/Nemez: 182 oben
Keystone, Zürich: 182 links, 183, 184 oben
Keystone/KeyColor (ANP), Zürich: 132 rechts unten, 135 (2×), 136 unten, 137 oben, 139 rechts, 140, 141 (2×), 142, 143, 144 (2×), 145, 148, 149
Keystone (Press Association), Zürich: 11
Kunsthistorisches Museum, Wien: 7
Bank Leu, Zürich: 5
Mansell Collection, London: 10
Fred Mayer, Zürich: 104
Archiv MVG, Luzern: 4 oben, 91 oben rechts, unten, 95 unten, 179 links oben und unten
Nationaal Foto Persburo, Amsterdam, 134
Bibliothèque Nationale, Paris: 8 oben
Det Nationalhistoriske Museum pa Fredensborg, Hillerod: 82
National Portrait Gallery, London: 87, 89 oben links und rechts
News Pix International: 109 links
Nordfoto, Kopenhagen: 75 oben rechts, unten, 80, 81 unten
Norsk Telegrambyra, Oslo: 44, 45, 46, 47 (2×), 48 (2×), 49 (4×), 50 (2×), 51 (3×), 52 (5×), 53, 54 rechts, 55, 56 unten links, rechts, 57, 58 (3×), 59, 60, 61 oben, 62
Oronoz, Madrid: 177 links, mitte oben, 192 oben, 193, 194, 195 (2×), 196, 197, 200
Patrimonio Nacional, Madrid: 174
John Philipps, Musée de l'Elysée, Lausanne: 12/13, 92 links
Archives Photographiques, Paris: 8 unten
Popperfoto, London: 21 rechts oben und unten, 99 rechts
Pressens Bild, Stockholm: 19 unten, 20 unten links, 24, 25, 26/27 (5×), 31 links 1. + 3. v. o., 34 links unten, 35 (3×), 41 unten

Reportagebild, Stockholm: 20 unten rechts, 29 unten
Rijksvoorlichtingsdienst, Den Haag: 128, 129, 130, 131 (4 ×), 132 links, rechts oben, 133 (3 ×), 136 oben, 137 unten, 138 (2 ×), 139 links oben und unten, 146 (2 ×), 147 (2 ×), 150/151, 152
Royal Collection, London (Reproduced by gracious permission of Her Majesty Queen Elizabeth II.): 116 unten, 117 (2 ×), 119 (2 ×), 122
Royal Collection, Stockholm: 17, 37 (2 ×), 38/39 (3 ×)
Royal Danish Collection at Rosenborg Castle, Kopenhagen: 64
Roberto Royal, Madrid: 176
Musées Royaux des Beaux Arts (Foto: G. Cussac), Brüssel: 156
Estate Office Sandringham: 120, 121 (3 ×)
Scan Foto, Oslo: 54 links oben, unten, 56 oben, 61 unten
Königliche Schatzkammer, Stockholm: 16
Len Sirman (Camera Press), Genf: 85, 89 unten rechts, 100, 102 (2 ×)
Stadtmuseum, Stockholm: 18
Statens Konstmuseer, Stockholm: 19 (Gemälde), 20 oben links und rechts, 42 (3 ×)
Svenskt Pressfoto, Stockholm: 21 links, unten links, 22 (2 ×), 23 oben, 28 oben, 30, 32 (3 ×)
Syndication International, London: 88, 90, 92 rechts oben und unten, 93 (2 ×), 94 (2 ×), 95 oben, 96 rechts, 97 links unten, rechts, 99 links, 105, 106, 107 (2 ×), 108 (3 ×), 109 rechts, 110 (4 ×), 111 unten, 112 (3 ×), 113 (2 ×), 123, 124
Tiofoto, Stockholm: 28 unten, 31 links 2. v. o., rechts, 33 (2 ×), 34 links oben, 36
Topham Picture Library, London: 101
Van Parys Media, Brüssel: 154, 157 (4 ×), 158 (2 ×), 159 (4 ×), 160 (3 ×), 161 (2 ×), 162 (3 ×), 163 (2 ×), 164 (3 ×), 165 (3 ×), 166 (4 ×), 167 (2 ×), 168 (2 ×), 169 (3 ×), 170 (2 ×), 171 (2 ×)
Werek Pressebild, München: 23 unten
Zentralbibliothek, Luzern: 2

Danksagung

Der Verlag und die Autoren danken den Botschaften und Presseämtern von Belgien, Norwegen, Großbritannien, Dänemark, Schweden, Spanien und den Niederlanden für ihre freundliche Unterstützung.

Die Abkürzungen in den Genealogien der Seiten 43, 63, 83, 127, 153, 173, 201:

EHzg	*Erzherzog*
Erbpz	*Erbprinz*
Gf	*Graf*
GHzg	*Großherzog*
Hzg	*Herzog*
Hzgin	*Herzogin*
Kg	*König*
Kgin	*Königin*
Kronpz	*Kronprinz*
Kronpzin	*Kronprinzessin*
Ks.	*Kaiser*
MGf	*Markgraf*
Pz	*Prinz*
Pzin	*Prinzessin*
T.	*Tochter des*

LITERATURAUSWAHL

SCHWEDEN

Hadenius, Stig: Swedish Politics during the 20th century
The Swedish Institute
Stockholm 1988

Herrmanns, Ralph: Das königliche Schloß in Stockholm
Stockholm 1976

Samuelsson, Christine: Silvia – Königin von Schweden
Hoganäs 1981

Silvia – Das Buch einer Königin
Stockholm 1991

The Swedish Institute: The Monarchy in Sweden
Stockholm 1986

NORWEGEN

Andenaes, Johs. / Riste, O. / Skodvin, M.: Norway and the Second World War
Oslo 1983

Arvidson, Gunnar: Inside the Royal Palace

Baaland, Patricia C.: The Norwegian Royal Family
Oslo 1986

Borch, Christian: Kronprins Harald
Oslo 1986

Bratelli, Randi / Lange-Nielsen, Sissel: Sonja – Norges Kronprinsesse
Oslo 1983

Grave, Tim: Haakon VII. of Norway
London 1983

Most, Annemor: Olav V. 30 ar pa tronen
Oslo 1987

DÄNEMARK

Dronning, Margrethe: Ni interviews fra Amalienborg til Christiania
Kopenhagen 1977

Wolden Raethinge, Anne: Margrethe II. talks about her life
Kopenhagen 1989

ENGLAND

Atlas of Royal Britain
London 1984

Hamilton, Alan: The Royal Handbook
London 1985

Holden, Anthony: Charles
London 1986

Lacey, Robert: Majestät Elisabeth II. und das Haus Windsor
München / Zürich 1977

Louda, Jiří / Maclagan, Michael: Lines of Succession. Heraldry of the Royal Families of Europe
London 1981

Talbot, Godfrey: The Book of the Royal Family
Edinburgh 1980

Wocker, Karl Heinz: Königin Victoria. Eine Biographie
Düsseldorf 1978

NIEDERLANDE

Ministerium für Auswärtige Angelegenheiten, Den Haag. Schriftenreihe «Das Königreich der Niederlande»: Das Königshaus
Den Haag o. J.

Ministerium für Auswärtige Angelegenheiten. Schriftenreihe «Das Königreich der Niederlande»: Das Königreich der Niederlande
Den Haag o. J.

BELGIEN

Coppieters, F.: Das belgische Herrscherhaus. Belgisches Institut für Information und Dokumentation.
Brüssel 1979

König Baudouin. Im Gespräch mit dem Bürger. Eine Auswahl aus seinen Ansprachen 1951 – 1986.
Brüssel 1986

Van Daele, Henri: Sire. Ein Jahr aus dem Leben der Belgischen königlichen Familie
Brüssel / Tielt 1985

Molitor: La Fonction Royale en Belgique
Brüssel 1979

Gerard: Baudouin 1er
Brüssel 1981

Gerard: Fabiola, Portrait d'une reine
Brüssel 1989

SPANIEN

Laot, Françoise: Juan Carlos und Sofia
München 1988

Nourry, Phillippe: Juan Carlos. Un Roi pour les republicains
Paris 1986

Por España, con los Españoles
Juan Carlos de Borbon, Principe de Borbon
Madrid 1973

Serrano, Carlos: Juan Carlos I
Madrid 1988